Marcílio Lima Silva
Homem Rico
Homem de Sorte!!
23/10/17

[...] Que o meu livro te ensine a te interessar mais por ti do que por ele, e então por todo o resto mais do que por ti.

(André Gide, Les Nourritures Terrestres)

Coordenadora editorial: Tânia Lins
Coordenador de comunicação: Marcio Lipari
Capa e projeto gráfico: Jaqueline Kir
Diagramação: Rafael Rojas
Preparação e revisão: Equipe Vida & Consciência

1ª edição — 2ª impressão
5.000 exemplares — janeiro 2016
Tiragem total: 8.000 exemplares

CIP-BRASIL — CATALOGAÇÃO NA PUBLICAÇÃO
(SINDICATO NACIONAL DOS EDITORES DE LIVROS, RJ)

V426a

Vargas, Ana Cristina
Além das palavras / Ana Cristina Vargas. 1. ed. — São Paulo: Centro de Estudos Vida & Consciência, 2015.

ISBN 978-85-7722-452-4

1. Crônica brasileira. I. Título.

15-25453 CDD: 869.98
CDU: 821.134.3(81)-8

Este livro adota as regras do novo acordo ortográfico (2009).

Vida & Consciência Editora, Gráfica e Distribuidora Ltda.
Rua Agostinho Gomes, 2.312 — São Paulo — SP — Brasil
CEP 04206-001
editora@vidaeconsciencia.com.br
grafica@vidaeconsciencia.com.br
www.vidaeconsciencia.com.br

Além das palavras

Uma maneira atual de entender a espiritualidade

ANA CRISTINA VARGAS

Sumário

Apresentação

Tudo tem sua hora, seu tempo. Nada nasce pronto; torna-se o que é. Bom resumo das razões pelas quais este livro está em suas mãos.

Este livro foi escrito há mais de dez anos e nasceu de uma visita do mentor espiritual da Sociedade de Estudos Espíritas Vida, que os leitores de meus romances conhecem como o Orientador, ou irmão Jacobino, do romance *O Bispo*.

Na época, eu trabalhava com grupos de estudo de *O Evangelho Segundo o Espiritismo*, e ele sugeriu método e roteiro para aquele estudo, tendo formulado um esquema de assuntos em que agrupou os capítulos da obra de Kardec em um roteiro, que serve agora de sumário para este livro. E disse: "Estude" — e apontou o caminho. Quem tinha que andar era eu, buscando construir o saber conforme ele orientava.

Isso demorou alguns anos de estudo e trabalho, até que as ideias estivessem maduras para serem escritas. E o impulso veio como resposta de meus companheiros de aprendizagem.

Eles começaram a pedir algo escrito além de *O Evangelho Segundo o Espiritismo*, para que eles pudessem refletir sobre os encontros e até repassar as ideias a amigos e familiares.

Então, há dez anos ou mais, escrevi estes textos com esse influxo: de auxiliar alguém a compreender a mensagem libertadora e rebelde da espiritualidade expressa naquela obra, conforme eu havia aprendido com nosso Orientador.

Durante os dias em que me dediquei a escrevê-lo, tive intensa companhia espiritual, mas não registrei interferência mediúnica em meu trabalho. Simplesmente tive companhia, assistência, proteção, inclusive dele.

Ao longo desses anos, esses textos têm servido aos estudantes e coordenadores de estudo de nossa Sociedade.

E assim ficariam, caso um querido amigo, Marcelo Cezar, não tivesse batido os olhos nesses textos e lhes dado asas para chegarem até você.

Falei deles por acaso a Marcelo, que me pediu para ler esses escritos como amigo. Após a leitura, ele se encantou com os textos e tornou-se o padrinho deste trabalho, propondo-se a apresentá-lo para avaliação.

Graças a Marcelo e à equipe da Editora Vida & Consciência, esses escritos tornaram-se o que é agora: um livro.

Convido-o, então, a estudar comigo e a percorrer esse caminho, que passa por lições seculares e acaba no íntimo de cada um de nós, abrindo espaços, arejando, fazendo-nos mais livres e felizes.

Chegou a hora! Vamos!

Capítulo 1
Jesus além das palavras

Não há espelho melhor que reflita o ser humano do que suas próprias atitudes.

(Jessica)

O QUE REVELAM AS ATITUDES?

"E vós outros, quem dizeis que eu sou?", perguntava Jesus aos seus aprendizes[1]*. Será que saberíamos responder a esta pergunta hoje?*

Em geral, nós nos limitamos a ler trechos ou a assistir alguns filmes relacionados à vida de Jesus, essa figura ímpar da história da humanidade, cuja passagem na Terra teve tal poder que traçou uma linha divisória entre o antes de sua mensagem e o depois.

Vivemos na época do "d.C.", do depois de Cristo, entretanto poucos de nós buscamos responder à pergunta que ele lançou, poucos sabemos dizer quem ele era.

Com o propósito de avançarmos um pouco na compreensão desse homem extraordinário, vamos nos dedicar a este estudo das lições morais que dele herdamos.

Para esse fim, os conhecimentos expostos na introdução de *O Evangelho Segundo o Espiritismo* são fundamentais, pois esclarecem e situam o contexto sociocultural em que Jesus viveu, possibilitando-nos não só a compreensão literal de muitas palavras, mas, principalmente, permitindo-nos dimensionar a personalidade de Jesus.

---

1 - Mt 16:13-15.

Esses conhecimentos permitem-nos ver o homem, o Ser, que ele é, além das palavras, entendendo suas atitudes e o que elas falam a respeito de seu modo de ser e pensar diante dos conflitos humanos — emocionais e sociais — de seu tempo, que ainda hoje se reproduzem em condutas diárias impensadas ou imaturas.

Fundamentados nas explicações históricas, podemos meditar sobre as ações de Jesus, substituindo os termos saduceus, fariseus, publicanos etc., pela conduta humana que os caracterizava, e, assim, pensar em qual seria a atitude do mestre frente:

A pessoas apegadas a condutas rígidas, rigorosas, presas à forma e desatentas ao fundo das questões morais, sociais ou religiosas;

Ao espírito de seita que domina grupos;

À hipocrisia religiosa apegada a rituais exteriores, esquecida de cuidar do interior;

Aos preceitos e às discriminações sociais;

Ao apego a questões dogmáticas;

À mera aparência de virtude e fé;

A personalidades dominadoras, opressoras e conservadoras, que entravam o progresso das ideias;

Aos hedonistas e materialistas;

Àqueles que vivenciam suas experiências segundo suas crenças e regras, com honestidade e simplicidade de caráter.

Para exemplificar: "E aconteceu que, concluindo Jesus este discurso, a multidão se admirou da sua doutrina; porquanto os ensinava como tendo autoridade; e não como os escribas"[2].

Os escribas representavam o pensamento conservador, o apego à letra morta, enquanto Jesus demonstrava a autoridade moral, fruto do entendimento pleno e da vivência das leis da vida. Ele era convicto, não um simples convertido, daí a segurança de não temer afrontar opiniões contrárias.

"E Jesus, passando adiante dali, viu assentado na alfândega um homem, chamado Mateus, e disse-lhe: Segue-me. E ele, levantando-se, o seguiu."[3]

Sua conduta demonstra que ele não aceitava uma ideia preconceituosa muito aplicada na sociedade, que se resume ao pensamento expresso no jargão: "Diga-me com quem andas e te direi quem és".

O Mestre sabia o quanto julgamentos humanos podem ser equivocados em relação ao caráter das pessoas e que muitas sofrem discriminação.

Matheus era judeu e portageiro, profissão que o vinculava a uma questão muito delicada na época: à cobrança de impostos do Império Romano.

Ele era malvisto por seu trabalho e desprezado pela sociedade, que considerava tais profissionais criaturas de má vida, indignas de conviver com pessoas de bem. Jesus convidou-o e fez de uma dessas pessoas alguém de seu convívio íntimo e um de seus discípulos.

---

2 - Mt 7:28-29.

3 - Mt 9:9.

> Naquele tempo passou Jesus pelas searas, em um sábado; e os seus discípulos, tendo fome, começaram a colher espigas, e a comer. E os fariseus, vendo isto, disseram-lhe: Eis que os teus discípulos fazem o que não é lícito fazer num sábado.[4]

Vemos indivíduos apegados à forma, cultores de uma religiosidade aparente em oposição à liberdade com que o Mestre orientava seus discípulos a pensar e agir.

Levanta-se contra essa atitude o dogma judaico de não trabalhar aos sábados, fundado numa interpretação literal da Lei Mosaica.

Ao responder-lhes à afronta, adverte-os da conduta livre de outros profetas, afirmando ser maior que o templo, e de que seus adversários não sabiam o que significava: "Misericórdia quero, e não sacrifício, não condenaríeis os inocentes. Porque o Filho do homem até do sábado é Senhor"[5].

Essa atitude mostra segurança e coragem para afrontar padrões vigentes e estabelecer discussões mais profundas, trazendo novas ideias.

Concitava o homem a compreender que o rigor no cumprimento literal de preceitos morais, legais, sociais ou religiosos causa mais holocaustos do que desperta valores reais.

---

4 - Mt 12:1-2.
5 - Mt 12:7-8.

Por isso, não só nessa passagem, mas também em muitas outras, pedia misericórdia, flexibilidade nas opiniões, quebra do orgulho, da arrogância e do autoritarismo, que se escondem por detrás dessas condutas, e agia com liberdade.

Reafirma a condição de senhor sobre as coisas terrenas, demonstrando que o homem consciente é livre e se conduz por valores maiores do que a obediência à forma.

> Como não compreendestes que não vos falei a respeito do pão, mas que vos guardásseis do fermento dos fariseus e saduceus? Então compreenderam que não dissera que se guardassem do fermento do pão, mas da doutrina dos fariseus.[6]

Ideias alimentam espíritos. É preciso conhecer-lhes a procedência. Encontramos religiosos de forma, que escondem falta de compreensão do que é religiosidade e, por isso, são colocadas como próximas às condutas hedonistas e materialistas, mantenedoras do estágio de egoísmo na conduta humana.

Jesus os engloba num mesmo alerta e eram grupos opostos, mas que se uniam para atacar a mensagem por ele divulgada.

---

6 - Mt 16:11-12.

Nesse relacionamento, é possível notar que Jesus combatia as ideias que eles divulgavam, mas não os combatia nem os condenava como seres humanos, tanto que há várias passagens em que são relatados jantares e visitas à casa de fariseus.

Há aí a lição de que discordar das ideias não deve ser motivo para agredir indivíduos, engendrando ódios e inimizades, ou para se desenvolver o espírito de seita, de só conviver com aqueles que partilham de um mesmo pensamento.

Esses exercícios de interpretação dos ensinamentos de Jesus, quando contextualizados, nos abrem muitos caminhos para a compreensão, deixando ainda mais clara e evidente a mensagem de amor, liberdade e honestidade de conduta e sentimentos por ele estimulada.

Além de evidenciar também sua atenção constante, ao convidar os homens a uma ampliação de consciência, fugindo do bitolamento da literalidade, integrando a vivência natural de uma religiosidade sadia a um comportamento caridoso.

A MENSAGEM UNIVERSAL

> [...] As grandes ideias jamais irrompem de súbito. As que assentam sobre a verdade sempre têm precursores que lhes preparam parcialmente os caminhos. Depois,

> chegando o tempo, envia Deus um homem com a missão de resumir, coordenar e completar os elementos esparsos, de reuni-los em corpo de doutrina. Desse modo, não surgindo bruscamente, a ideia, ao aparecer, encontra espíritos dispostos a aceitá-la[...].[7]

Os avanços da sociedade humana são uma construção no tempo. Somos espíritos imortais, criados simples e ignorantes. Nós povoamos o universo, habitando diversas moradas conforme nossas condições evolutivas.

Assim como a infância material tem características bem marcadas em relação às fases de amadurecimento físico, mental, emocional e intelectual dos indivíduos, requerendo dos educadores atenção e cuidados específicos em cada uma, o mesmo se dá com a evolução espiritual e as ideias que alimentam nossos espíritos.

De acordo com a capacidade de compreensão, essas ideias vão sendo lançadas para nosso aprendizado, não havendo nenhuma que tenha escapado a essa lei de progresso e de seu fluxo sempre proporcional à capacidade do educando.

Todas tiveram seus precursores, como os muros e as construções sólidas têm seus alicerces.

O cristianismo, ou as ideias de Jesus, não foram exceção, e encontravam-se espalhados sobre a face

---

7 - KARDEC, Allan. *O Evangelho Segundo o Espiritismo*. Trad. Guillon Ribeiro. 131 ª ed. Brasília : FEB, 2013, p. 31.

do planeta em muitas civilizações. A doutrina de Platão e Sócrates[8], por exemplo, é uma das que mais

---

8 - Quem foi Sócrates?

Sócrates (470-399 a.C.) talvez seja a personagem mais enigmática de toda história da filosofia. Ele não escreveu uma única linha e, não obstante, está entre os que exerceram maior influência sobre o pensamento europeu. Seu fim trágico foi o que o tornou famoso mesmo entre os que conhecem pouco de filosofia. Sabemos que ele nasceu em Atenas e ali passou sua vida, nas praças dos mercados e nas ruas conversando com toda sorte de pessoas. Sócrates era feio de doer, baixo e gordo, tinha os olhos saltados das órbitas e o nariz arrebitado. Mas seu interior era absolutamente maravilhoso, tanto que ainda se diz que se pode vasculhar presente e passado e não se encontrará um ser humano comparável a ele. Apesar disso, foi condenado à morte por sua atividade de filósofo.

Conhecemos sua vida principalmente através de Platão, seu discípulo e também um dos maiores filósofos da humanidade. Geralmente, no começo de uma conversa, Sócrates só fazia perguntas, como se não soubesse de nada. Durante a conversa, frequentemente conseguia levar seu interlocutor a ver os pontos fracos de suas próprias reflexões. Uma vez pressionado, o interlocutor acabava reconhecendo o que estava certo e o que estava errado. Sócrates achava que sua tarefa era ajudar as pessoas a "parir" uma opinião própria, mais acertada, pois o verdadeiro conhecimento tem de vir de dentro.

No entanto, Sócrates não vivia só pegando no pé das pessoas apenas porque queria atormentá-las. Havia qualquer coisa dentro dele que não lhe deixava outra saída. Ele sempre dizia que ouvia uma voz divina dentro de si. Sócrates protestava, por exemplo, contra o fato de as pessoas serem condenadas à morte. Recusava-se a denunciar seus inimigos políticos, o que acabou por lhe custar a vida.

Em 399 a.C., foi acusado de "corromper a juventude" e de "não reconhecer a existência dos deuses". Por maioria apertada, foi considerado culpado por um júri de cinquenta pessoas. Ele poderia ter pedido clemência e ter sido banido de Atenas, entretanto não o fez, pois considerava a própria se aproxima, tendo grandes pontos de convergência, especialmente no espírito de suas ideias ou de seus princípios.

As religiões institucionalizadas, oficiais, construíram no Ocidente — onde são dominantes — uma visão divinizada de Jesus, de sua passagem pelo planeta e de seus ensinos fazendo deles artigos de uma fé dogmática e não de livre apreciação e discussão.

---

consciência e a verdade mais importantes que a sua vida.

Como se vê, entre as vidas de Jesus e Sócrates existem muitas semelhanças. Vamos mencionar algumas: Jesus e Sócrates já eram consideradas pessoas enigmáticas no tempo em que viveram. Nenhum dos dois deixou qualquer registro escrito de suas ideias. Assim, não nos resta senão confiar na imagem traçada por seus discípulos. Ambos eram mestres da retórica. Ambos tinham tanta autoconfiança no que diziam que podiam tanto arrebatar quanto irritar seus ouvintes. Ambos acreditavam falar em nome de uma coisa que era maior do que eles mesmos. Desafiavam os que detinham o poder na sociedade, criticando todas as formas de injustiça e de abuso de poder, o que custou a ambos a vida.

Também há paralelos entre os processos de acusação de Jesus e de Sócrates. Ambos podiam ter pedido clemência e não o fizeram, pois acreditavam estar traindo sua missão se não fossem até as últimas consequências. E o fato de terem enfrentado a morte de cabeça erguida lhes garantiu a fidelidade das pessoas mesmo depois da sua morte. Ao traçarmos esse paralelo entre Jesus e Sócrates, queremos apenas deixar claro que ambos tinham uma mensagem a transmitir e que essa mensagem estava intimamente associada à sua coragem pessoal (Ver GAARDER, Jostein. *O Mundo de Sofia*. Trad. João Azenha Jr. 20ª reimpressão. Cia. das letras, pp. 78-82).

Kardec, ao inserir e propor o estudo comparado de ideias entre Jesus e os filósofos pagãos da Antiguidade, inova e quebra o distanciamento, inserindo-os na noção de progresso do planeta, sem retirar-lhes a importância individual.

Aliando esse pensamento à resposta dada pela espiritualidade à Questão 625[9] de *O Livro dos Espíritos*, podemos concluir que um mestre, modelo e guia para a humanidade terrena, não precisa ser alguém distante.

Aliás, se for um fato isolado na história da humanidade, alguém inatingível ou incompreensível ao pensamento do homem comum, ele não cumprirá a tarefa de ensinar e orientar, facilitando, assim, os caminhos da evolução.

A história de Jesus aponta justamente na direção contrária. Os exemplos são de um mestre próximo, presente e amigo de seus discípulos.

Todas essas considerações nos auxiliam a entender e conhecer Jesus, mas a resposta à questão que ele propôs aos discípulos foi dada por ele mesmo. Jesus revelou-se por meio de seus atos, suas palavras, e expressou a mensagem que trazia à Terra de todas as formas.

É o que veremos no próximo item e ao longo desta jornada de estudo e reflexão, em que conversaremos, nós e você, sobre o mestre e seus ensinamentos.

---

9 - Qual o tipo mais perfeito que Deus tem oferecido ao homem, para lhe servir de guia e modelo?

FALANDO DE SI

Trabalhando com crianças em algumas reuniões, propusemos que elas escrevessem ou falassem de si mesmas, ressaltando suas virtudes.

As reações foram muito interessantes. Em um primeiro momento, todas arregalaram os olhos, depois trocaram olhares entre si — nunca nos encaram nessa etapa —, e daí surgiram alguns sorrisos tímidos, como se as crianças desejassem pedir desculpas por não saberem responder. Até que, por fim, uma mais corajosa falou:

— Ah! Eu não sei. Lá em casa só me dizem o que faço de errado.

É um quadro sugestivo, que mostra a nossa deficiência educacional em nos "percebermos" — tema praticamente esquecido no desenvolvimento emocional e psicológico ou que, quando lembrado, se resume a desenvolver a percepção apenas dos vícios de comportamento ou maus hábitos, frequente e insistentemente realçados.

Depois, nós ainda nos surpreendemos com o número de adultos que apresentam problemas referentes à autoestima, insegurança e agressividade, que necessitam e buscam aprender a se valorizar.

E você já pensou em suas virtudes? Vamos pensar ou repensar juntos?

Selecione ao menos duas virtudes que reconhece em si e pense sobre elas. Analise o que elas trazem de bom para sua vida.

Reflita sobre como você fala de si aos outros.

Você já se perguntou ou observou como as pessoas se sentem em sua companhia? Qual foi a conclusão a que chegou?

Se você tiver vontade de me responder: "Ah! Eu não sei", insista. Tente outra vez. Não precisa ser já, mas observe e observe-se. Pense e reflita sobre a proposta. A resposta a essas e outras questões são úteis para começar um caminho de autoavaliação.

Não nos aflijamos diante da dificuldade. Se ela aparecer, prossigamos estudando juntos com o compromisso pessoal de avaliar esses temas em nosso mundo íntimo, dialogando com as nossas verdades e descobertas.

Por que propusemos essa reflexão e o que ela tem a ver com o tema que vínhamos discutindo anteriormente?

Falávamos de Jesus e de sua encantadora e forte personalidade. Após analisarmos alguns pensadores, percebemos que eles tinham grande sintonia com as ideias de Jesus, sintonia que se estende, por consequência, ao Espiritismo.

Jesus respondeu de forma incrivelmente sintética e resumida a essa reflexão — com a qual ainda temos dificuldades de lidar — e foi além, apontando exatamente quem ele desejava atrair para sua vida, para ter próximo de si e receber sua mensagem. Daí o chamarmos de "O Cristo Consolador".

Veja que interessante a apresentação que ele faz de si mesmo e de seu trabalho junto a nós:

> Vinde a mim, todos os que estais cansados e oprimidos, e eu vos aliviarei. Tomai sobre vós o meu jugo, e aprendei de mim que sou manso e humilde de coração; e encontrareis descanso para vossas almas; porque o meu jugo é suave e o meu fardo é leve.[10]

---

10 - Mt 11 28:30.

Jesus fala de si sem arrogância ou demonstrações de superioridade, sem agredir, sem desvalorizar-se, sem qualquer laivo de autopromoção. O conteúdo de suas palavras denota suavidade e simpatia. Ninguém diria tais palavras em tom de comando, de imposição. Ele foi claro, objetivo, franco.

Os destinatários do convite que Jesus lançou ao nosso mundo há dois mil anos são os que estão sobrecarregados, e ele prometeu-lhes alívio.

A maior carga que podemos levar é a descrença, a falta de compreensão a respeito de Deus e das leis maiores, que regem nossa vida física e espiritual.

A existência não tem sentido. As dores e os prazeres acabam sendo encarados como algo passageiro, sem importância, que se esvaem nos minutos e por isso terminam com o mesmo sabor e significado.

Não há por que cultivar valores superiores nem sentimentos verdadeiros, ou por que pensar em compartilhar algo com alguém especial ou com várias pessoas.

Não há por que se envolver na realização de um projeto social, não há razão para tentar entender o comportamento difícil e perdoar, ou para trabalhar a si mesmo, buscando tornar-se melhor. Tudo irá acabar.

A solidão ronda, o medo precisa ser escondido, e o melhor é não pensar no amanhã, mas viver o agora e usufruir o prazer passageiro com o máximo das forças e depois correr atrás dele outra vez.

As horas são inimigas incontroláveis, que marcam nossos passos rumo ao desconhecido ou ao esperado nada, depois da morte. Até lá, devemos suportar a decrepitude do corpo, as perdas e as dores sucessivas.

Haverá carga maior do que viver sob esse sistema de crenças e valores, destituído de esperança, ignorante das mínimas descobertas a respeito do sentido da vida, sem compreender as razões da existência da dor e do prazer?

Haverá carga maior do que viver em um mundo regido por acasos, no qual nascemos sem saber por quê ou para quê, sendo meros frutos da junção de células reprodutoras?

Jesus chamava, convidava, os incrédulos, as pessoas que desconhecem "Deus" para dialogar. E, como cada coisa tem seu tempo, ele lançou sementes e muitas ainda estão aguardando o momento certo para germinar.

O Espiritismo veio depois cultivar e reforçar a semeadura das ideias de Jesus e, tal como o Mestre, "[...] tem de lembrar aos incrédulos que acima deles reina a imutável verdade: o Deus bom, o Deus grande, que faz germinarem as plantas e se levantarem as ondas [...]"[11], justamente ensinando e propondo o desenvolvimento moral do ser humano, calcado nos princípios da existência de um Deus Pai, criador da Vida, suprema inteligência,

---

11 - KARDEC. Op. Cit., p. 107.

princípio e causa primária de todas as coisas, justo, amoroso e bom, e calcado nas leis que regem a vida que esse Deus escreveu em dois grandes livros, que podem ser lidos e estudados por qualquer um de seus filhos e que não sofreram qualquer tipo de adulteração: o livro da natureza e o livro de nossa consciência.

Estudar esses livros faz-nos compreender que o grande objetivo da vida é o aprendizado, o aperfeiçoamento e nossa evolução, cultivando as virtudes, distinguindo e não misturando o joio ao bom grão, as utopias às verdades.

Diferente de muitos de nós, Jesus se conhecia, tanto que anunciava suas verdades sem precisar pensar sobre elas como fazemos. "Sou manso e humilde de coração"[12], disse ele.

A brandura ou a não exaltação é característica das personalidades equilibradas, que conhecem as próprias emoções e sabem usá-las e dosá-las com a razão, evitando os excessos de paixões desgovernadas.

Humildade é conhecermos nosso próprio valor, sabermos nosso lugar no mundo, para ocupá-lo com dignidade.

Não é a conduta subserviente traduzida no ato de deixarmos que façam conosco o que bem entendem; de aceitarmos desrespeito ou abusos de qualquer ordem; de permitirmos que governem

---

12 - Mt 11:29.

nossa vida sob o pretexto de sermos humildes e aceitarmos tudo de cabeça baixa, fervendo de indignação por dentro ou nos desprezando tanto que nos sentimos seres indignos, sem qualquer importância ou valor.

Humildade não pode ser confundida com cultivo de baixa autoestima e desvalorização pessoal. Antes, é um exercício de liberdade e autoconhecimento, em que aprendemos a reconhecer nossos próprios limites e respeitar os limites alheios.

Jesus sabia exatamente que tipo de sensações sua presença despertava e dizia que, vivendo e aprendendo seus ensinos, tendo sua presença em nossas vidas, encontraríamos o repouso de nossas almas, porque o jugo dele era suave e o fardo que nos trazia era leve.

Notemos que ele fala de jugo e fardo, como se estivesse se referindo a um animal de carga e diz que transportá-lo era fácil e simples. Ou seja, carregá-lo não é um peso, e ele não é um condutor de exigências, castigos e imposições de culpa; ao contrário, ele é de suave convivência.

Jesus nos pede somente que descubramos e desenvolvamos as fontes do amor em nosso ser, e ele nos ensina o caminho para isso.

Ele nos oferece repouso, que é sinônimo de descanso, de paz, de um tempo para nos refazermos, que chega até nós com a compreensão de suas lições.

Sua presença conquistava, não dominava. E diversos são os exemplos de pessoas que encontraram repouso para suas dores ao lado de Jesus, ontem e hoje.

O amor é a lei que rege a vida, é a manifestação do Criador. E Jesus dedicou sua vida a ensinar seus desdobramentos e suas aplicações.

PARA PENSAR

"Quando alguém diz que pouco está ligando, é porque não está ligando pouco."

(Henri de Toulouse Lautrec)

Como foi essa experiência de leitura e reflexão para você?

____

____

____

____

____

REPENSANDO

O objetivo até aqui foi fazer-lhe convites e, em especial, convidá-lo a pensar o ser humano conhecido como Jesus de Nazaré, abandonando o mito, o ensino dogmático, e seguindo, com base na introdução de *O Evangelho Segundo o Espiritismo*, um método contextualizado de leitura e reflexão das mensagens do Mestre, para que, além das palavras, possa ler suas mensagens em suas atitudes.

Algumas ideias fundamentais:

- Exercícios de interpretação dos ensinamentos de Jesus, quando contextualizados, nos abrem muitos caminhos à compreensão e deixam ainda mais clara e evidente a mensagem de amor, liberdade e honestidade de conduta e sentimentos por ele estimulada.
- As grandes ideias não surgem nunca subitamente. Elas vêm de acordo com a capacidade de compreensão dos educandos, sendo lançadas para nosso aprendizado, não havendo nenhuma que tenha escapado a essa lei progressiva.
- Um mestre, modelo ou guia, precisa ser próximo e acessível ao educando para cumprir a tarefa de promoção da evolução.
- Refletirmos sobre nossa deficiência educacional, nos autopercebermos, é tema fundamental para nossa saúde emocional e psíquica.

Capítulo 2
As leis universais

Podemos enfrentar as leis humanas, mas não podemos resistir às leis naturais.

(Júlio Verne)

NÃO VIM DESTRUIR A LEI – AS LEIS MORAIS

No antigo Egito, a religião solar atribuía ao faraó e à sua esposa-irmã a condição de filhos dos deuses, portanto eles eram seus emissários junto ao povo.

Fundiam-se na mão do faraó todos os poderes da sociedade. Ele era o chefe supremo do exército, da religião e do governo, e teoricamente sua vontade era a lei.

A mesma organização social e religiosa se repetia na civilização Inca, que dominou o continente sul-americano por mais de mil anos até ser dizimada pelos conquistadores espanhóis no século XV da Era Cristã.

A Europa, em época mais recente, conheceu o reinado de vários governantes, que se autointitulavam representantes de Deus na Terra. Esse período ficou conhecido como o dos "Déspotas Esclarecidos".

São vários os exemplos em que líderes e governantes usam princípios religiosos, calcados em conceitos de um deus ou de deuses vingativos, irados, que despertam o temor do povo, para imporem leis e serem respeitados, reeditando princípios do antigo culto da religião solar.

Outras discussões antigas são as que envolvem a linha que separa direito e moral, direito e religião. Até que ponto o que é permitido por lei está de acordo com a moral? Até que ponto princípios ou dogmas religiosos interferem no corpo de leis de uma sociedade?

Países muçulmanos, por exemplo, são regidos legalmente pelos postulados da religião islâmica, estabelecidos no Alcorão (livro sagrado do Islã).

O Deuteronômio, livro do Antigo Testamento, contém as leis que vigoravam em Israel na época de Jesus. E, como vimos no capítulo anterior, a interpretação desse código e sua rigorosa observância geravam divergências e dissidências entre as muitas seitas e tribos.

Algumas dessas leis vinham desde os tempos de Moisés, que, percebendo não ser possível ainda dirigir o povo somente com o uso de leis naturais, universais ou morais — que deu a conhecer sob o nome de "Dez Mandamentos" —, evocou o princípio do culto solar que conhecia do Egito, chamando para si a autoridade divina de representante de Deus, legislando e dizendo ao povo que aquela era a vontade de Deus expressa em suas leis, que deveriam ser obedecidas sob pena de atrair a si a ira divina.

Vejamos algumas dessas leis extraídas do livro Deuteronômio e pensemos em quais teriam sido as razões que as fizeram ser adotadas.

Pensemos também se essas leis possuíam caráter de aplicação universal e atemporal ou se, ao contrário, eram perfeitamente limitadas em tempo e espaço.

Por fim, analisemos também se elas podiam contribuir para a espiritualização do ser humano.

> Quando um homem tiver duas mulheres, uma a quem ama e outra a quem despreza, e a amada e a desprezada lhe derem filhos, e o filho primogênito for da desprezada, será que, no dia em que fizer herdar a seus filhos o que tiver, não poderá dar a primogenitura ao filho da amada, preferindo-o ao filho da desprezada, que é o primogênito. Mas ao filho da desprezada reconhecerá por primogênito, dando-lhe dobrada porção de tudo quanto tiver; porquanto aquele é o princípio da sua força; o direito da primogenitura é dele.[13]

---

13 - Dt 21:15-17.

Quando emprestares alguma coisa ao teu próximo, não entrarás em sua casa, para lhe tirar o penhor. Fora ficarás, e o homem, a quem emprestaste, te trará fora o penhor. Porém, se for homem pobre, não te deitarás com o seu penhor. Em se pondo o sol, sem falta lhe restituirás o penhor; para que durma na sua roupa, e te abençoe; e isto te será justiça diante do Senhor teu Deus.[14]

Não haverá traje de homem na mulher, e nem vestirá o homem roupa de mulher; porque, qualquer que faz isto, abominação é ao Senhor teu Deus. Quando encontrares pelo caminho um ninho de ave numa árvore, ou no chão, com passarinhos, ou ovos, e a mãe posta sobre os passarinhos, ou sobre os ovos, não tomarás a mãe com os filhotes. Deixarás ir livremente a mãe, e os filhotes tomarás para ti; para que te vá bem e para que

14 - Dt 24:10-13.

prolongues os teus dias. Quando edificares uma casa nova, farás um parapeito, no eirado, para que não ponhas culpa de sangue na tua casa, se alguém de algum modo cair dela. Não semearás a tua vinha com diferentes espécies de semente, para que não se degenere o fruto da semente que semeares, e a novidade da vinha. Com boi e o jumento não lavrarás juntamente. Não te vestirás de diversos estofos de lã e linho juntamente. Franjas porás nas quatro bordas da tua manta, com que te cobrires.[15]

É visível que são leis comuns, muito humanas e circunscritas, que se destinaram a manter a ordem, regulando relações sociais e não fugiram ao caráter coercitivo, fixando-se apenas em quem as descumprisse.

A lei humana caracteriza-se por reger uma relação determinada, delimitada ao local, grupo e tempo em que é elaborada, e que acaba, muitas vezes, caindo em desuso pela mudança dos hábitos e conceitos da sociedade que os criou.

15 - Dt 22:5-12.

Assim, o que era proibido em um tempo, em outro pode ser permitido, graças às transformações na mentalidade do grupo social.

Por exemplo: entre nós, brasileiros, o divórcio só passou a ser permitido legalmente em 1977; a escravidão foi tolerada e tida como justa por mais de trezentos e oitenta anos em nossa curta história como nação; o chamado Ato Institucional nº 5, ou AI-5, dava plenos poderes ao regime ditatorial militar instalado no país em meados da década de 1960, permitindo prender, torturar, dissolver poderes, suspender direitos e garantias fundamentais aos cidadãos.

Até 1988, o Estado brasileiro era submetido a uma religião oficial — a católica —, que era ensinada obrigatoriamente em todas as escolas e obedecia a todas as datas de culto dessa religião, que ainda permanecem como feriados nacionais, entre outros tantos fatos que demonstram a interferência da religião nos direitos.

Resumindo: a lei humana é transitória, vige e perde vigência, conforme a vontade e os interesses pessoais de líderes ou governantes.

Ante essas leis de caráter humano — algumas tão absurdas naquela época recuada, em que Jesus esteve encarnado no planeta —, assim como vários exemplos atuais, foi que ele se revoltou e chamou a atenção, ao demonstrar que reconhecia em muitas dessas leis o caráter de necessidade e organização social.

Jesus não titubeou em afrontar muitas dessas leis, especialmente as consideradas emanações da vontade de um deus vingativo, punitivo, que enchiam de culpa seus seguidores.

Entretanto, ante as outras, estas sim claramente de ordem natural, ele declarou: "Não cuideis que vim destruir a lei ou os profetas: não vim ab-rogar, mas cumprir"[16].

Jesus vinha cumprir a lei essencialmente moral, contida em nossa consciência e defendida pelos jusnaturalistas, como o Direito Natural, aquele emanado do íntimo do ser.

A noção de moral que aponta a regra de distinção entre o bem e o mal e encontra invariavelmente, a sanção da própria consciência.

Essa lei é universal e aplicável a qualquer tempo e espaço. Daí a aceitação dos Dez Mandamentos como representativos da lei natural, por encerrarem a essência dos direitos e deveres, que, ao serem observados, garantiriam não só a paz da consciência, mas o bem maior que as leis buscam preservar, que é a paz social.

Esses preceitos regulam a nossa relação com Deus, com o próximo (personificando a sociedade em geral), e com nós mesmos. Esses ensinamentos constituem a base moral e religiosa de 2/3 da

---

16 - Mt 5:17.

humanidade, pois são os pilares sobre os quais se edificaram o judaísmo, o cristianismo e o islamismo.

Vejamos:

> I – Eu sou o Senhor teu Deus, que te tirei do Egito, da casa da servidão; não terás outros deuses diante de mim; não farás para ti imagem de escultura, nem semelhança alguma do que há em cima do céu, nem embaixo na terra, nem nas águas debaixo da terra. Não te encurvarás a elas, nem as servirás [...].
> II – Não tomarás o nome do Senhor teu Deus em vão.
> III – Guarda o dia de sábado, para o santificar, como te ordenou o Senhor teu Deus.
> IV – Honra a teu pai e a tua mãe, como o Senhor teu Deus te ordenou, para que se prolonguem os teus dias, e para que te vá bem na terra que te dá o Senhor teu Deus.
> V – Não matarás.
> VI – Não cometerás adultério.
> VII – Não furtarás.
> VIII – Não dirás falso testemunho contra o teu próximo.
> IX – Não cobiçarás a mulher do teu próximo.
> X – Não desejarás a casa do teu próximo, nem o seu campo, nem o seu servo, nem a sua serva, nem o seu boi, nem o seu jumento, nem coisa alguma do teu próximo.[17]

17 - Dt 5:6-21.

Qual é a essência dessas leis em sua visão?

Jesus os resumiu enunciando: "[...] Amarás ao Senhor teu Deus de todo o teu coração, e de toda a tua alma, e de todas as tuas forças, e de todo o teu entendimento, e ao teu próximo como a ti mesmo"[18]. Nessa simples frase, que nos exige muitas existências de aprendizado até o seu cumprimento, estão todos os preceitos morais.

É em aprendermos a amar, no sentido mais amplo e irrestrito da palavra, que se encontra o objetivo da vida e a necessidade de várias encarnações ou existências sobre a Terra.

Como regra de conduta na vida, Confúcio ensinava seus discípulos a consultarem a consciência antes de agir, considerando como atitude correta aquela que gostaria que tivessem para com eles.

Ou seja: "Façam aos outros o que vocês querem que eles lhes façam"[19], tido como princípio de ética, por excelência.

Ensinamento referendado pelo rabi da Galileia.

18 - Lc 10:27.
19 - Mt 7:12.

PARA PENSAR

Assim, pois, que estas palavras: "nós somos pequenos", não tenha mais sentido para vós. A cada um sua missão, a cada um seu trabalho. A formiga não constrói o edifício da sua república e os animálculos imperceptíveis não erguem os continentes? A nova cruzada começou; apóstolos da paz universal e não de uma guerra, São Bernardos[20] modernos, olhai e marchai em frente: a lei dos mundos é a lei do progresso (Fénelon[21], Poittiers, 1861[22]).

2.1 MEU REINO NÃO É DESTE MUNDO

A EVOLUÇÃO INTERIOR

Há, entretanto — retomou Sócrates —, pelo menos, uma coisa em que seria justo que vós, sim, todos vós, refletísseis: se a alma é verdadeiramente imortal, é preciso que zelemos por ela, não apenas durante todo o tempo atual, que chamamos viver, mas durante todo o tempo, pois seria

---

20 - São Bernardo foi um monge católico vinculado à Ordem Templária. Grande orador, insuflava os soldados a guerrearem e saquearem o Oriente em nome de Deus e da divulgação da fé e dos dogmas católicos.

21 - Filósofo francês do período do Iluminismo.

22 - Fénelon, Poittiers, 1861.

> grave perigo não se preocupar com ela. Admitamos que a morte seja tão somente uma total dissolução de tudo. Que sorte admirável estaria então reservada para os maus que se veriam libertos de seu corpo, de sua alma e de sua própria maldade! Mas, na verdade, uma vez tendo sido tornado claro que a alma é imortal, não haverá fuga possível para ela frente a seus males, a não ser que se torne melhor e mais sábia. Portanto, a alma nada mais leva consigo, ao chegar ao Hades, do que a sua formação moral e seu modo de vida, que é, justamente, segundo a tradição, o que mais se beneficia ou prejudica a quem morre, desde o começo de sua viagem para o além[...].[23]

A doutrina espírita nos esclarece que uma das leis universais é a de que a vida é imortal. Não a vida do corpo, obviamente, mas a vida espiritual.

Somos espíritos imortais, em essência, e a nossa passagem pela experiência física é transitória, embora repetitiva. Encarnamos e reencarnamos infinitas vezes, buscando conquistar o conhecimento e o domínio dos bens da terra[24].

---

23 - PLATÃO. *Fédon ou da alma*. Coleção *Os pensadores*. Nova cultural, p. 178.

24 - Por bens da terra somente devem se entender os produtos do solo? O solo é a fonte primeira, de onde provêm todos os recursos, porque, em definitivo, esses recursos não são senão

Daí a advertência de Sócrates a seus discípulos minutos antes de ser executado, exortando-os ao cuidado com a vida da alma, que deveria ser cultivada com zelo, considerando-se a sua característica de imortalidade e que, para bem viverem, deveriam se empenhar para tornarem-se melhores e mais sábios.

Você poderia perguntar: "Devo então viver cotidianamente ocupado com o futuro, com a vida no além?".

A sabedoria oriental tem uma brilhante resposta para essa questão.

Conta-se que Zi Lu (543-480 a.C.), um discípulo de Confúcio, buscou seu mestre, desejoso de saber como servir aos espíritos e aos deuses.

Confúcio, por sua vez, devolveu: "Se você não é capaz de servir a outras pessoas, como seria capaz de servir aos espíritos?".

Zi Lu, então, disse: "Posso lhe perguntar sobre a morte?".

E seu mestre lhe respondeu: "Se você ainda não entende a vida, como poderia entender a morte?".

Ocupar-se com o presente, ter os pés bem firmes e plantados no hoje, no agora e no local

---

uma transformação dos produtos do solo. "É por isso que devemos entender pelos bens da terra tudo quanto o homem pode gozar nesse mundo" (KARDEC, Allan. *O Livro dos Espíritos*. Trad. José Herculano Pires. 63ª ed. São Paulo : LAKE, 2002, p. 245).

em que nos encontramos, é o caminho para bem cuidarmos de nossa alma e da vida futura.

A sabedoria das leis universais faz com que nos coloquemos onde precisamos estar, para adquirirmos o conhecimento que nos falta.

Se ciclos de sofrimentos se repetem em nosso caminho, vale observar se não estamos repetindo condutas que nos levam a passar sempre pela mesma experiência.

Não aprendemos, não avançamos. A lei de evolução nos situa outra vez nas mesmas condições, e isto pode acontecer nesta existência e nas próximas, ou estamos repetindo trajetórias de vidas passadas.

Portanto, o momento de aprendermos é agora e as lições necessárias são aquelas que vivenciamos.

O amanhã e as condições da vida futura serão os reflexos imediatos do modo como estamos vivendo hoje.

"O meu reino não é deste mundo"[25], asseverou Jesus ao ser interrogado sobre sua realeza por Pôncio Pilatos, prefeito da província romana da Judéia, insistindo no tema, pois os judeus aguardavam um rei salvador, um messias terreno que os libertasse do jugo da dominação de Roma e muitos acreditavam que Jesus fosse esse rei material e uma ameaça à política do império dominante.

---

25 - Jo 18:36.

Por isso, Pilatos questionou Jesus, que não perdeu a oportunidade de deixar uma lição ao responder-lhe: "Vós o dissestes; eu sou rei [...]"[26]. Se ele se dizia rei e afirmava que seu reino não era deste mundo, podemos tirar algumas conclusões:

1. "Eu sou rei". Era uma afirmação de soberania sobre os bens da Terra. Modelo e guia da humanidade, espírito mais evoluído que esteve entre nós. As experiências que aqui passamos eram por ele conhecidas e plenamente dominadas, tanto que se dizia rei. Conquistara "essa realeza, oriunda do mérito pessoal, consagrada pela posteridade[...]"[27].

2. "Meu reino não é deste mundo". Ele falava a alguém muito apegado aos poderes terrenos, aos interesses imediatos das coisas transitórias da existência material, e dizia-lhe que aquele não era o seu reino. Ele reinava sobre bens eternos e imortais, que vigiam no mundo físico e na vida da alma além das barreiras do corpo.

Desses, ele se declarou senhor e rei, pois seu reino se compõe do domínio das questões morais, emocionais, psicológicas e espirituais eternas, que acompanham a alma onde quer que ela seja chamada a viver. Por isso também, Jesus disse a Pilatos que tinha vindo a este mundo — povoado de espíritos iludidos, ainda na infância da trajetória evolutiva — senão para testemunhar a verdade.

---

26 - Jo 18:36-37.

27 - KARDEC, Allan. *O Evangelho Segundo o Espiritismo*. Trad. Guillon Ribeiro. 131ª ed. Brasília : FEB, 2013, p. 53.

Kardec comenta que Jesus se limitou a colocar a vida futura (imortalidade da alma) como uma lei natural a que ninguém pode escapar e que ela era o ponto central de seus ensinamentos.

Falou do tema sem contudo revelá-lo inteira, completa e claramente, pois entendia que uma luz muito forte ofusca e não ilumina, assim também um conhecimento para o qual não estamos preparados nos confunde e não esclarece.

Procure meditar e encontrar exemplos relacionados aos textos a seguir, comentando-os:

> A ideia clara e precisa que se faça da vida futura proporciona inabalável fé no porvir, fé que acarreta enormes consequências sobre a moralização dos homens, porque muda completamente *o ponto de vista sob o qual eles encaram a vida terrena*[...].[28]

---

28 - KARDEC. Op. Cit, p. 53.

[...] Sabendo temporária e não definitiva a sua estada no lugar onde se encontra, menos atenção presta às preocupações da vida, resultando-lhe daí uma calma de espírito que tira àquela muito do seu amargor.[29]

Deus, conseguintemente, não condena os gozos terrenos; condena, sim, o abuso desses gozos em detrimento das coisas da alma. Contra tais abusos é que se premunem os que a si próprios aplicam estas palavras de Jesus: *Meu reino não é deste mundo.*[30]

---

29 - Ibidem.
30 - KARDEC. Op. Cit., p. 55.

PARA PENSAR

> O homem — que se dedicou aos prazeres que têm a instrução por objeto e que desse modo embelezou sua alma, não com adereços estranhos e nocivos, mas com o que propriamente se mais lhe convém, como a temperança, a justiça, a coragem, a liberdade, a verdade — aguarda confiante e corajoso o momento de se encaminhar para o Hades[31] quando seu destino o chamar[...].[32]

2.2 HÁ MUITAS MORADAS NA CASA DO MEU PAI

PLURALIDADE DOS MUNDOS HABITADOS

> Os bons Espíritos simpatizam com os homens de bem, ou suscetíveis de se melhorar; os Espíritos inferiores, com os homens viciosos ou que podem viciar-se; daí o seu apego, resultante da semelhança de sensações.[33]

---

31 - Região no plano espiritual segundo a mitologia grega.
32 - PLATÃO. Op. Cit., pp. 186-187.
33 - KARDEC, Allan. *O Livro dos Espíritos*. Trad. José Herculano Pires. 63ª ed. São Paulo: LAKE, 2002, p. 188.

Nessa resposta, a espiritualidade dá a conhecer a Lei de Afinidade: lei básica que regula as relações humanas em toda a sua escala de evolução material ou espiritual.

Progredimos sempre, ainda que às vezes de forma imperceptível, posto que nosso esforço em prol de nos tornarmos senhores dos bens da Terra é muito lento.

Progredimos individual e coletivamente e desenvolvemos a inteligência e a moral. E as leis universais, por sua vez, nos acompanham, situando-nos com precisão junto àqueles e nos lugares e nas condições que têm afinidades conosco.

Podemos até não gostar e nosso ego pode se revoltar, negando nossa afinidade com algumas situações que possam nos fazer sofrer ou afetar nossa vaidade, entretanto ela é infalível e precisa.

Agimos de acordo com ela inconscientemente. No aspecto material, chamamo-la de gosto pessoal, atração, semelhança, simpatia; no material, de condição física, socioeconômica.

Guiados por esses fatores, que refletem a ação da Lei de Afinidade, nos posicionamos na sociedade, estabelecemos nosso círculo de relacionamentos afetivos e escolhemos onde morar e como viver, cercados, em geral, de nossos afins, daqueles que partilham conosco dos mesmos gostos e das mesmas ideias. Enfim, no dizer dos espíritos, nos afeiçoamos por causa da semelhança das sensações.

Em termos de constituição da matéria, é interessante recordarmos que somos essencialmente formados de maneira idêntica. Temos a mesma constituição dos demais elementos dos reinos da natureza terrena, ou seja, a matéria que forma as plantas, os animais e os minerais é também a que dá forma aos nossos corpos. Somos todos feitos à base de carbono.

Em sua trajetória evolutiva, o princípio espiritual estagia em todos os reinos, armazenando e desenvolvendo conhecimentos instintivos quanto à matéria.

As leis universais, que regem a natureza física ou moral, não se contradizem, pois se tratam da manifestação da inteligência do Criador.

A casa do Pai é o universo. As diferentes moradas são os mundos que circulam no espaço infinito e oferecem aos espíritos moradas apropriadas ao seu adiantamento.

Também podemos entender essas palavras como o estado feliz ou infeliz em que se encontra o espírito após o desencarne.

Tanto em um quanto em outro, novamente, será a Lei de Afinidade que definirá onde e com quem ele estará, esclarecendo o ensino de Jesus de que há muitas moradas na casa do Pai. Moradas nas quais habitaremos conforme a Lei de Afinidade, que nos adequará ao progresso realizado e às nossas necessidades evolutivas.

Por muito tempo, o homem pensou que a Terra fosse o centro do universo e que o Sol girasse em torno dela. Nossa inteligência ampliou-se e constatamos o equívoco: a Terra é apenas um planeta do Sistema Solar e o universo vai muito além deste sistema de que fazemos parte.

Será que só aqui há vida? Será que somos os únicos seres inteligentes da criação? Kardec obteve da espiritualidade respostas e conceitos para essas indagações.

Os espíritos nos ensinam que a espécie humana compreende todos os seres dotados de razão, que povoam os inumeráveis mundos do universo, e nos apresentam uma classificação didática desses mundos, com a devida observação de que todas as classificações não podem ser interpretadas como absolutas.

Não existem barreiras tão definidas entre as coisas, tanto do mundo físico quanto do espiritual, como querem supor pessoas que cultivam condutas rígidas e rigorosas.

O universo e a vida são mais facilmente entendidos com critérios de relatividade e flexibilidade.

Kardec nos alerta que a classificação efetuada se baseou nas diferenças mais acentuadas, que são as seguintes:

Mundos primitivos – destinados às primeiras encarnações da alma humana;

Mundos de expiação e de provas – onde o mal domina;

Mundos regeneradores – onde as almas que ainda têm o que expiar haurem novas forças, descansando das fadigas da luta;

Mundos felizes – onde o bem se sobrepõe ao mal;

Mundos celestes ou divinos – morada dos espíritos depurados, onde o bem reina inteiramente.

Habitamos esses mundos conforme nossas possibilidades evolutivas, quando atingimos em um mundo o grau de adiantamento que ele comporta. Lembre-se do assunto anterior: tornamo-nos senhores, reis dos ensinamentos que o local pode nos oferecer, pois, assim que atingimos esse estágio, passamos para outro mundo mais avançado, até conquistarmos a evolução possível à nossa condição de criatura.

O ensinamento dos espíritos superiores é o de que, nos mundos primitivos, os seres são rudimentares e têm a forma humana como os demais em todos os mundos, mas sem beleza.

E, em termos de desenvolvimento emocional, estão ainda dominados pelos instintos; só a força bruta é lei.

Devido à inteligência também pouco desenvolvida, esses seres não possuem indústria nem invenções e gastam a existência cuidando, exclusivamente, das necessidades do corpo.

Possuem uma vaga intuição da existência de um Ser Supremo e, a partir daí, iniciam sua trajetória rumo ao progresso.

É bonita a forma como os mentores referem-se aos espíritos nessa condição — que talvez abominássemos, esquecidos de que já trilhamos esse caminho. Eles dizem que "[...] não são seres degradados, mas crianças que estão a crescer"[34].

Eles falam-nos do outro extremo, insuflando-nos a esperança para aumentar nossa frágil vontade e nosso empenho na conquista das coisas reais da alma, dizendo que, nos mundos que atingiram graus superiores, a vida tanto física quanto moral é isenta de sofrimentos e necessidades e que mesmo a morte, longe de ser um objeto de pavor, é considerada apenas uma transformação feliz, pois não duvidam da continuidade da vida.

Se nos mundos inferiores os corpos são rudimentares, nos superiores eles são embelezados, aperfeiçoados e purificados, refletindo as condições de vida e a própria natureza física, emocional e espiritual mais avançada desses mundos.

No texto de *O Evangelho Segundo o Espiritismo*, eles enunciam a seguinte frase relacionada ao tema exposto:

---

34 - KARDEC, Allan. *O Evangelho Segundo o Espiritismo*. Trad. Guillon Ribeiro. 131ª ed. Brasília : FEB, 2013, p. 60.

> [...] Os homens conservam, a seu grado, os traços de suas passadas migrações e se mostram a seus amigos tais quais estes os conheceram, porém, irradiando uma luz divina, transfigurados pelas impressões interiores, então sempre elevadas. Em lugar de semblantes descorados, abatidos pelos sofrimentos e pelas paixões, a inteligência e a vida cintilam com o fulgor que os pintores hão figurado no nimbo ou auréola dos santos.[35]

Inegavelmente, temos aqui expresso que o exterior reflete o interior do ser humano. Você já deu uma olhadinha em como está hoje? Qual é sua aparência? Está refletindo um mundo emocional transtornado ou irradiando algo bom?

Cuide bem do interior e o exterior se acomodará a esses padrões. Afinal, obesidade é reflexo de ansiedade, de depressão; olheiras profundas e expressão abatida refletem preocupação e tristeza; desleixo fala de baixa autoestima etc.

Doenças são também reflexos de nosso mundo interior. Nervosismo, irritação, falta de paciência e tolerância causam, por exemplo, gastrite; mágoas mal resolvidas podem originar tumores cancerígenos, e assim por diante.

---

35 - KARDEC. Op. Cit., p. 61.

E sua casa? Seu local de trabalho? Como estão? Eles também são mundos que refletem e se afinam ao seu interior, atraindo energias semelhantes.

São alguns exemplos em que vemos também a ação da Lei de Afinidade, trazendo-nos aquilo que está de acordo com nossas sensações, mesmo que não gostemos ou não queiramos admitir.

As relações sociais individuais ou coletivas (falamos de política internacional) refletem a conduta de seus indivíduos e são afins.

Nos mundos inferiores, há o predomínio do mal — e *O Livro dos Espíritos* nos esclarece que o mal é apenas a ausência do bem, ou seja, ele é desconhecido —, fruto da ação dos homens que lutam uns contra os outros, pois cada um deseja a primazia; enquanto, nos superiores, os homens procuram elevar-se acima de si mesmos.

Nós, membros da natureza terrena, vivemos em um mundo ainda de provas e expiações, onde aprendemos em razão de contrastes.

Precisamos do mal para sentirmos o bem; do claro para reconhecermos o escuro; da doença para valorizarmos a saúde. Essa condição de aprendizagem faz-nos viver uma diversidade fascinante de situações.

Os mundos evoluem passando de uma condição para outra. Assim, de primitivos avançam para mundos de provas e expiações, e por aí seguem, pois "o progresso é Lei da Natureza. A essa lei todos os seres da Criação, animados e inanimados, foram submetidos pela bondade de Deus, que quer que tudo engrandeça e prospere[...]"[36].

A REENCARNAÇÃO – A LEI CIRCULAR

Ninguém pode ver o reino de Deus se não nascer de novo.

No dólmen de Kardec, no cemitério Père Lachaise, em Paris, estão gravadas no granito duas leis naturais, cujo entendimento é fundamental para a compreensão da vida: "Nascer, morrer, renascer ainda e progredir sem cessar, tal é a lei".

Nessa simples frase, estão claramente definidas a reencarnação e a Lei de Progresso.

Léon Denis, em sua obra *O Grande Enigma: Deus e o Universo*, disserta sobre essas leis com brilhantismo e simplicidade. Transcrevemos alguns trechos e, de resto, confessamos ter sido esse texto que inspirou estas reflexões.

> A lei circular preside todos os movimentos do mundo; ela rege as evoluções da Natureza, as da História e da Humanidade. Cada ser gravita num círculo, cada vida descreve um circuito, toda a história humana se divide em ciclos.

---

36 - KARDEC. Op. Cit., p. 65.

Os dias, as horas, os anos, os séculos rolam na órbita do Espaço e do tempo e renascem, pois o seu objetivo, se há um, é precisamente o de retornar ao princípio. Os ventos, as nuvens, as águas, as flores, a luz seguem a mesma lei. Os ventos retornam sobre suas órbitas enlaçadas para as cavernas misteriosas de onde eles procedem.

O vapor eleva-se para as alturas; forma as nuvens, verdadeiros oceanos suspensos sobre nossas cabeças. As nuvens que planam, mares imensos e móveis, fundem-se em chuvas e tornam-se novamente os rios, os riachos que já foram. Assim, o Reno, o Ródano, o Danúbio, o Volga[37] têm rolado acima de nossas cabeças antes de correr aos nossos pés. É, portanto, a lei, a lei da Natureza e da Humanidade. Todo ser já existiu; ele renasce e sobe, evolui, assim, numa espiral cujas órbitas vão aumentando cada vez mais, e é por isso que a História toma um caráter cada vez mais universal: é o *corso i ricorso* de que fala o filósofo italiano Vico.

Esses princípios, uma vez colocados, eu gostaria de consagrar essa meditação a estudar as idades da vida humana:

---

37 - Ródano, o Reno, o Danúbio e o Volga são rios do continente europeu.

a juventude, a idade madura, a velhice, à luz dessa grande lei, e a morte como coroamento e apoteose. Desses estudos sairá o grande princípio espiritualista da reencarnação, o único que explica o mistério do ser e de seu destino.

É preciso renascer, é a lei comum do destino humano que também evoluí num círculo cujo centro é Deus.

Jesus disse a Nicodemos, "que aquele que não nascer de novo, não pode ver o reino de Deus", isto é, não compreenderá a lei de seu destino — "se não renascer da água e do espírito."

A reencarnação é claramente expressa nessas palavras, e Jesus repreende Nicodemos: "de ser Mestre em Israel e ignorar essas coisas".[38]

A advertência de Jesus é aplicável a muitos de nós, que, mesmo não sendo mestres, permanecem ignorantes das verdades da vida, contentando-se com a contemplação da superfície, não querendo olhar e descobrir o fundo das coisas, senão quando a mão da dor os tange em busca do aprendizado.

---

38 - DENIS, Léon. *O Grande Enigma: Deus e o Universo*. Trad. Maria Lucia Alcantara de Carvalho. Rio de Janeiro : CELD, 2011, p. 167-168.

Passamos inúmeras vezes pelos ciclos da vida e observamos estes se repetirem à nossa volta, apresentando casos que nos chamam a atenção e fazendo surgir em nós a curiosidade da criança, que pergunta: "Por quê?".

Nós queremos saber por que há crianças geniais e outras deficientes; por que alguns morrem com mais de cem anos e outros não vencem o primeiro ano de vida; por que alguns têm tudo tão fácil e outros têm que penar para conseguir o necessário para não morrer de fome ou frio.

Queremos saber por que há pessoas com inteligências privilegiadas e outras, embora esforçadas, não ultrapassam o nível da mediocridade; por que existem doenças congênitas; por que há tantas diferenças nos membros de uma mesma e pequena família etc.

E os porquês sucedem-se na mente daqueles que despertam para uma busca mais profunda, ou são levados a refletir ante a dor que experimentam.

Sem entendermos a Lei Circular ou a doutrina da reencarnação, essas perguntas recebem respostas que nos levam a descrer em Deus.

A ciência ainda responde às nossas questões apenas com explicações relativas ao funcionamento da matéria; conhece e descreve as consequências, mas não justifica as causas. Daí para nos sentirmos vítimas do acaso e do caos o passo é curto.

As religiões oficiais falam de milagres e castigos e dizem que a vida é um mistério. E mistérios são insondáveis.

Se por acaso surge a irresignação e a insistência em querermos uma explicação, não tarda a lembrança de que Deus, segundo eles, pune os infiéis e que sofremos para expurgar nossas culpas.

Enquanto a reencarnação nos apresenta claramente a justiça divina e toda a sua bondade, fazendo-nos entender que nossos destinos obedecendo às leis de retorno e evolução são construções nossas, somos, por assim dizer, filhos de nós mesmos.

Somos livres para construirmos nossos próprios caminhos, acertos e desacertos, por isso somos também responsáveis por nossas escolhas. Assim, o hoje é fruto do ontem e o amanhã será o que fizermos dele agora.

A vida é um processo de movimento contínuo e incessante. A condição atual que vivencio, seja ela feliz ou desgraçada, é fruto de minha colheita da vida passada.

E aqui, vale frisar, pode ser a colheita do ontem desta vida ou de outras encarnações. Eu produzi as causas cujas consequências vou colher.

Não existem culpas. Existe a responsabilidade pessoal pelos próprios atos.

Quando começamos a querer olhar mais profundamente a vida e a pensar sobre a Lei Circular, que rege nossos destinos em espiral progressiva, surgem algumas questões do tipo: "Se tivemos outras vidas, por que não nos lembramos do passado?", "Como fica a família?", "Reencarnaremos sempre no mesmo país?".

Vamos retomar a proposta de Denis e analisar as idades da vida, para acrescentarmos alguns elementos que sirvam de esclarecimento a essas dúvidas.

O NASCIMENTO

> [...] A união da alma e do corpo começa na concepção e só se completa no momento do nascimento. E o envoltório fluídico é que prende o espírito ao gérmen; essa união vai se estreitando sempre mais, até o momento em que está completa, isto é, quando a criança vê a luz do dia. No intervalo entre a concepção e o nascimento, as faculdades da alma são pouco a pouco anuladas pelo poder, sempre crescente, da força vital recebida dos geradores, que diminui o movimento vibratório do perispírito até o momento em que o espírito da criança se torne completamente inconsciente. Essa diminuição vibratória do movimento fluídico leva à perda da lembrança das vidas anteriores [...].

O espírito da criança dormita, portanto, no seu envoltório material e, à medida que o momento do nascimento se aproxima, suas ideias se apagam, assim como o conhecimento do passado, do qual ele não tem mais consciência, logo que tenha visto a luz do dia. Isto acontecerá quando, pela desmaterialização final ou pelas influências profundas da exteriorização na hipnose, a alma retomar seu movimento vibratório, ela reencontrará seu passado e o mundo adormecido de suas lembranças. Eis a verdadeira gênese da vida humana. As aquisições do passado estão latentes em cada alma; as faculdades não estão destruídas; elas têm raízes no inconsciente e são tanto mais aparentes quanto mais tiverem progredido anteriormente e capitalizado mais conhecimentos, impressões, imagens, saber e experiência. É o que constitui "o caráter" de cada indivíduo vivo e lhe dá as aptidões originais proporcionais ao seu grau de evolução.

Portanto, a criança retém de seus pais apenas uma coisa: a força vital, à qual é preciso acrescentar alguns elementos hereditários. No momento de sua encarnação, o perispírito se une, molécula a molécula, à matéria do gérmen [...].

> Esse gérmen encerra uma energia potencial mais ou menos grande, que, transformando-se em energia ativa durante o período total da vida, determina o grau de longevidade do ser. [...]
>
> [...] Assim, o duplo fluídico reproduz, sob a forma de movimento o traço indelével de todos os estados da alma, desde o seu primeiro nascimento; por outro lado, o gérmen material recebe a marca de todos os estados sucessivos do períspirito: há aí um paralelismo vital absolutamente lógico e harmonioso[...].[39]

Observando o trecho acima, você se recorda do que estudamos quanto ao exterior refletir o interior? Aqui temos, mais uma vez, demonstrado esse mecanismo.

> O perispírito é o princípio de identidade física e moral que mantém, indefectível, no meio das vicissitudes do ser móvel e mutante, o princípio do *eu* consciente. A memória que nos assegura a certeza íntima de nossa identidade pessoal é a irradiação reflexa desse períspirito [...].
>
> [...] Cada encarnação perispiritual traz, certamente, modalidades novas para a alma

---

39 - DENIS. Op. Cit., pp. 170-171.

da criança que reedita sua vida; porém ela já encontra seu terreno cultivado para isso. Platão tinha razão quando dizia: "Aprender é recordar-se".

Assim se explicam os fenômenos ilustres e a fisiologia dos grandes gênios dos quais fala a História; [...] a intuição de Pascal, reconstituindo aos treze anos de idade os teoremas de Euclides; e Mozart, compondo com a idade de doze anos uma de suas obras mais célebres.

Entretanto, pode acontecer, ao contrário, que as leis da hereditariedade entravem a manifestação do gênio, pois o espírito molda seu corpo, porém ele apenas pode se servir dos elementos postos à sua disposição por essa hereditariedade. [...]

[...] Esse eclipse parcial e momentâneo de nossas existências anteriores é absolutamente necessário para conservar intacta, nesse mundo, nossa liberdade plena. Se nós nos lembrássemos muito facilmente, haveria confusão na ordem lógica e fatal do destino; e o Mestre não disse no seu Evangelho: "Infeliz daquele que, tendo colocado a mão na charrua, olhe para trás?

Para traçar um sulco reto e seguro, é preciso olhar adiante e fixar unicamente o futuro[...].[40]

---

40 - DENIS. Op. Cit., pp. 172-173.

A MOCIDADE

O que caracteriza a juventude é a opulência, a plenitude de vida, a superabundância das coisas, o impulso para o futuro. O devotamento, a necessidade de amar, de se comunicar, caracteriza esse período da vida em que a alma, novamente ligada a um corpo cujos elementos são novos e poderosos, sente-se capaz de empreender uma vasta carreira e promete a si mesma grandes esperanças.

A juventude tem uma importância capital porque é a primeira orientação na direção do destino. Nela, o esquecimento do passado é total; ele não existe mais e todas as suas potências estão voltadas para o futuro. Eis por que todos os moralistas, todos os educadores concentraram sua experiência e seus esforços sobre esse prefácio da vida humana, do qual dependerá o livro inteiro. "A esperança da colheita está na semente", dizia Leibniz; a promessa dos frutos está igualmente contida nos sorriso das flores.

O Cristianismo monacal e medieval falseou completamente a noção da vida e da educação. Preconizando a feiura física e o desprezo pelo corpo, ele não compreendeu que a alma molda o seu corpo, como Deus forma a alma, e que o corpo deve trazer a assinatura de ambos, a qual não pode e não deve ser senão a assinatura da Beleza[...].[41]

A IDADE MADURA

A *idade madura* é, na realidade, a idade de ouro da vida, pois é a época da colheita, [...] em que a maturação se opera, no coração, no espírito, em todo ser. [...] As ilusões, os sonhos brilhantes dissiparam-se. Sob a bruma dourada que outrora recobria as coisas, veem-se surgir as linhas graves, as formas austeras da realidade. Aqueles que nos cercam não têm mais na fronte a auréola poética que nossa imaginação criadora lhes havia colocado, o próprio amor nos tem revelado alguns de seus desfalecimentos, talvez até traições; finalmente a virtude nos provou que ela é, às vezes, apenas uma palavra. Nesse período da vida, um grande perigo ameaça a maioria dos homens: é o ceticismo [...].

[...] A idade madura é, por excelência, o período da plenitude [...].

[...] Seria preciso fazer durar longo tempo, muito tempo, esse período medieval de nossa existência em que a vida perispiritual

41 - DENIS. Op. Cit., p. 177.

está no seu ponto culminante, possui todo seu poder radiante e vibratório; e, para isso, é necessário conservar-lhe o maior tempo possível um alimento essencial de ação e de trabalho: um sangue puro, um sistema nervoso disciplinado, um corpo vigoroso e são: esse *mens sana in corpore sano*[42] do qual fala o sábio e que é apenas o equilíbrio perfeito da vida física, intelectual e moral.

Compreende-se, então, quanto a harmonia e a ordem do ser humano são coisas difíceis de organizar e de conquistar [...].

O grande inimigo da idade madura, como da vida inteira, é o egoísmo. O homem se diminui, se mata pela necessidade de gozar [...].

A idade madura é o verão de nossa existência terrestre; como a estação ardente, ela é feita de ardores, cheia de luz [...]. Sente-se aí feliz de viver; tem-se consciência de sua força e dela sabe se servir. É, então, que o homem atinge física e moralmente o ponto culminante da Beleza. [...] Um dos nossos erros é o de crer que a beleza única da juventude é a senhora da vida; falta, portanto, a essa seu elemento principal, que é a força, resultante do equilíbrio geral e harmonioso do ser.[43]

---

42 - Mente sã em corpo são. (N.T.)
43 - DENIS. Op. Cit., pp. 179-182.

A VELHICE

A *velhice* é o outono da vida; no seu último declínio, ela está no inverno. [...] a velhice, segundo a estimativa comum dos homens, é a decrepitude, a ruína; ela recapitula todas as tristezas, todos os males, todas as dores da vida; é o prelúdio melancólico e desolado do adeus final.

Há aí um erro grave. Primeiramente, em regra geral, nenhuma fase da vida humana é inteiramente deserdada dos dons da Natureza, e muito menos das bênçãos de Deus [...].

A velhice recapitula todo o livro da vida; resume os dons das outras épocas da existência, sem delas ter as ilusões, nem as paixões, nem os erros. O ancião viu o nada de tudo o que ele deixa; entreviu a certeza de tudo o que virá, é um vidente [...]. À falta de reis, em alguns povos, eram os anciãos que governavam.

A velhice é ainda, e apesar de tudo, uma das belezas da vida, e, certamente, uma de suas harmonias mais elevadas.

Frequentemente, dizem: que belo ancião! Se a velhice não tivesse sua estética particular, por que essa exclamação?

Entretanto, é preciso não esquecer que em nossa época, como já dizia Chateaubriand, "há muitos velhos e poucos anciões" —

o que não é a mesma coisa. O ancião, com efeito, é bom; é indulgente, ama e encoraja a juventude; seu coração não envelheceu, enquanto os velhos são ciumentos, malévolos e severos [...].

Na realidade, ela é um início de desmaterialização [...].

As transformações, ou melhor, as transfigurações operadas nas faculdades da alma pela velhice são admiráveis. Esse trabalho interior resume-se numa única palavra: simplicidade. A velhice é eminentemente simplificadora de todas as coisas. Primeiramente, ela simplifica o lado material da vida; suprime todas as necessidades factícias, as mil necessidades artificiais que a juventude e a idade madura criaram para nós, e que fizeram de nossa existência complicada, uma servidão, uma tirania. Nós o dissemos mais acima: é um início de espiritualização.

O mesmo trabalho de simplificação se efetua na inteligência. As coisas adquiridas tornam-se mais transparentes; no fundo de cada palavra entrevemos Deus.

O ancião tem uma faculdade preciosa: a de esquecer. Tudo o que foi fútil, inútil na sua vida, apaga-se; ele apenas guarda na sua memória [...] o que foi substancial.

> A fronte do ancião nada mais tem da atitude altiva e provocadora da juventude e da idade viril; ele se enverga sob o peso do pensamento como uma espiga madura.
>
> O ancião curva sua cabeça e a inclina sobre seu coração. Ele se aplica em converter em amor tudo o que nele resta de faculdades, de vigor e de lembranças. A velhice não é, portanto, uma decadência: ela é realmente um progresso; uma marcha adiante na direção do termo: a esse título, é uma das bênçãos do Céu.[44]

A MORTE

Poucos segundos antes de ingerir a cicuta, veneno com que foi executado, Sócrates conversava com seus amigos sobre a alma e seu destino após a morte e dizia a um deles que ainda não havia assimilado suas lições em relação à lei da imortalidade da alma e reencarnação:

> Não há meios, meus amigos, de convencer Críton de que eu sou esse Sócrates que se acha presentemente conversando convosco e que está concertando a ordem de cada um de seus argumentos!

---

44 - DENIS. Op. Cit., pp. 182-186.

> Muito ao contrário, pensa sempre que sou eu que vou morrer agora mesmo e me pergunta como irá me enterrar.
>
> E todo o longo discurso que acabo de fazer para vos demonstrar que, ao beber veneno, não permanecerei convosco, mas deixarei e irei gozar felicidade e bem-aventurança, parece-me ter sido inútil para Críton, como se não houvesse falado mais que para consolar-vos e a mim.
>
> Rogo-vos que consoleis ao pobre Críton, para que não sinta minha morte e para que, ao ver meu corpo ardendo ou enterrado, não se desespere como se eu estivesse sofrendo grandes males e não diga em meus funerais que expõe a Sócrates, que conduz a Sócrates, que amortalha a Sócrates; porque é preciso que saibas, caro Críton, que falar impropriamente não é apenas cometer uma falta no que se diz, mas prejudicar as almas.
>
> Deve-se ter mais coragem e dizer que é meu corpo o que amortalhas, e faça-o como te agradar e do modo que acreditares mais conforme às leis.[45]

Essas poucas linhas expõem nossas costumeiras reações à morte: incompreensão, irresignação, preocupação imediata com nosso sofrimento e, em

45 - PLATÃO. *O banquete*.

geral, põem à mostra nossa falta de consciência como seres espirituais.

Preste atenção ao ensino de Sócrates. O filósofo grego deixava claro que o espírito é o ser soberano, é a nossa individualidade real, que usa, veste um corpo, durante a encarnação terrestre.

E esclarece ainda que o espírito desligado do corpo não sofre as vicissitudes da decomposição ou da cremação.

A doutrina espírita, ao nos ensinar e desvendar a lei circular da vida, nos faz encarar a morte conforme essa antiga sabedoria, mostrando-nos que ela é um segundo nascimento e que deixamos esse mundo pela mesma razão que nele entramos, obedecendo à mesma lei.

> Algum tempo antes da morte, um trabalho silencioso se efetua. A desmaterialização já começou. Através de alguns sinais, podemos constatá-la, se aqueles que cercam o moribundo não estiverem distraídos pelas coisas externas [...].
>
> Com efeito, a alma entrou num estado crepuscular; ela está no limite extremo, na fronteira dos dois mundos e visitada pelas visões iniciais daquele no qual ela vai entrar. O mundo que ela deixa envia-lhe os fantasmas da lembrança, e todo um cortejo de espíritos chega até ele do lado da aurora.

Nunca se morre sozinho, da mesma forma que nunca se nasce sozinho. Os invisíveis que temos conhecido, amado, assistido neste mundo, vêm auxiliar o moribundo a se desembaraçar das últimas correntes do cativeiro terrestre.

Retornemos ao próprio ato da morte. A desmaterialização efetuou-se, o perispírito se desprende do envoltório carnal, que vive ainda algumas horas, talvez alguns dias, uma vida puramente vegetativa. Assim, os estados sucessivos da personalidade humana se desenrolam na ordem inversa daquele que presidiu ao nascimento. A vida vegetativa que havia começado no seio materno se extingue dessa vez; a vida intelectual e a vida sensitiva são as duas primeiras que partem.

O que acontece, então? O espírito, isto é, alma e seu envoltório fluídico, e, consequentemente, o *eu*, carrega a última impressão moral e física que o atingiu na Terra; ele o guarda durante um tempo mais ou menos prolongado, segundo seu grau de evolução. É por isso que é importante envolver a agonia dos moribundos com palavras suaves e santas, com pensamentos elevados, pois são esses últimos ruídos, esses últimos gestos, essas últimas imagens que se imprimem nas folhas do livro subliminal da consciência [...].

> A morte é, portanto, na realidade, uma passagem; é uma transição e uma translação[...].[46]

A fim de não nos alongarmos na análise das condições da vida do espírito recém-chegado à quarta dimensão, sugerimos a leitura do tema em *O Livro dos Espíritos* e em *O Céu e Inferno*, de Allan Kardec.

Depois de um tempo indeterminado no plano espiritual, em que o espírito avalia sua trajetória e busca conhecer-se e reconhecer as próprias necessidades de aprendizado ou de ajuste da consciência às leis da vida, que porventura tenha infligido, ele solicita um novo regresso à vida material cumprindo a lei circular que nos harmoniza com a justiça e o progresso que regem o universo.

Faça neste momento a sua mensagem de reflexão. Analise:

O que este texto me diz?

____

____

____

____

____

46 - DENIS. Op. Cit., pp. 187-189.

O que eu digo ao texto?

____

____

____

____

____

Se tiver algum(a) amigo(a) que esteja também utilizando este livro, peça-lhe que lhe diga o que pensou e sentiu a respeito desta leitura.

PARA PENSAR

DESIDERATA

(Max Ehrmann 1872-1945)

Siga tranquilamente entre a inquietude e a pressa,
lembrando-se de que há sempre paz no silêncio.

Tanto quanto possível, sem humilhar-se,
mantenha-se em harmonia com todos
que o cercam.

Fale a sua verdade clara e mansamente.
Escute a verdade dos outros, pois eles também
têm sua própria história.

Evite as pessoas agitadas e agressivas: elas
afligem o nosso espírito. Não se compare aos

demais, olhando as pessoas como superiores ou inferiores a você: isso o tornaria superficial e amargo. Viva intensamente os seus ideais e o que você já conseguiu realizar.

Mantenha interesse no seu trabalho, por mais humilde que seja, ele é um verdadeiro tesouro na contínua mudança dos tempos.

Seja prudente em tudo que fizer, porque o mundo está cheio de armadilhas. Mas não fique cego para o bem que sempre existe. Em toda parte, a vida está cheia de heroísmo. Seja você mesmo.

Sobretudo, não simule afeição e não transforme o amor numa brincadeira, pois, no meio de tanta aridez, ele é perene como a relva.

Aceite, com carinho, o conselho dos mais velhos e seja compreensivo com os impulsos inovadores da juventude.

Cultive a força do espírito e você estará preparado para enfrentar as surpresas da sorte adversa.

Não se desespere com perigos imaginários: muitos temores têm sua origem no cansaço e na solidão.

Ao lado de uma sadia disciplina conserve, para consigo mesmo, uma imensa bondade.

Você é filho do universo, irmão das estrelas e árvores, você merece estar aqui e, mesmo se você não pode perceber, a Terra e o universo vão cumprindo o seu destino.

Procure, pois, estar em paz com Deus, seja qual for o nome que você lhe der.

No meio do seu trabalho e nas aspirações, na fatigante jornada pela vida, conserve, no mais profundo do seu ser, a harmonia e a paz.

Acima de toda mesquinhez, falsidade e desengano, o mundo ainda é bonito.

Caminhe com cuidado, faça tudo para ser feliz e partilhe com os outros a sua felicidade.[47]

REPENSANDO

Ao longo das páginas deste livro, procuramos traçar rumos que nos possibilitassem conhecer e meditar um pouco mais sobre as leis naturais expostas nos capítulos I a IV de *O Evangelho Segundo o Espiritismo*.

Para tanto procuramos: distinguir leis de caráter humano das leis naturais ou universais da vida;

---

47 - Desiderata. Disponível em http://www.mat.ibilce.unesp.br/personal/Waldemar/Desiderata.pdf. Acesso em: 20 ago 2015.

incentivar o cultivo de valores eternos e as conquistas da alma, considerando e harmonizando-os aos propósitos da lei de imortalidade do ser espiritual; discutir vários aspectos das leis de afinidade e evolução relacionadas com as transformações interiores e exteriores, pessoais e coletivas; e conhecer a reencarnação ou a lei circular, complemento necessário e imprescindível à lei de progresso.

Ao final de cada jornada, recomenda o espírito de Santo Agostinho que se faça uma análise do que se viveu. Estivemos juntos dialogando sobre temas essenciais para nossa transformação e harmonização maior com a vida.

Não perca a oportunidade e faça uma autoavaliação desta trajetória:

Este estudo modificou algo em sua maneira de pensar e ver o mundo e a vida? Escreva sua conclusão.

SIM MUDOU!

Capítulo 3
A dualidade humana

Bem-aventurados os que choram, porque eles serão consolados; bem-aventurados os que têm fome e sede de justiça, porque eles serão fartos; bem-aventurados os que sofrem perseguição por causa da justiça, porque deles é o reino dos céus.[48]

48 - Mt 5:4-10.

A DOR E O PRAZER. A RESPONSABILIDADE E A LIBERDADE

Viver é sinônimo de processo de aprendizagem e de crescimento moral e intelectual. Precisamos experimentar os bens da Terra, conhecê-los, prová-los, estabelecer e conhecer nossa relação e reações a eles.

Para tanto, somos seres dotados de livre-arbítrio, liberdade de escolha, que aumenta proporcionalmente a evolução conquistada, determinando nossa responsabilidade no funcionamento das leis universais, conhecidas como Lei de Ação e Reação. Cada atitude nossa desenvolverá e receberá de retorno uma reação proporcional e na direção de nosso ato.

Nesse esquema, compreendemos a dor e o prazer como mecanismos da natureza, que nos alertam em relação à direção e intensidade dos atos que praticamos na esfera moral, e como avaliação de nossa relação de soberania ou subordinação às coisas da matéria na esfera física.

Portanto, esses indicadores da natureza funcionam tanto no aspecto material como moral.

Você já viu um cão, vivendo conforme sua natureza (sem as imposições humanas, como roupas, ração, berços etc.), morrer por obesidade ou apresentar estresse?

No entanto, quando subordinados a uma vida em desacordo com sua natureza íntima, imposta por seus donos, aí surgem os sofrimentos tipicamente humanos nos animais.

Em seu estado natural, o animal age confiando em seu instinto. A natureza lhe diz quando está saciado, quando deve parar de comer ou quando deve descansar e até se isolar. O instinto é um guia seguro, porque atua em harmonia com as leis do universo, que, por sua vez, regem a vida com equilíbrio.

Por que nós não seguimos nossos instintos, já que também os possuímos? Estamos, inclusive, catalogados, enquanto encarnados, como membros superiores do reino animal.

O fato é que nós somos seres dotados de consciência e da percepção das coisas exteriores e aliamos o instinto à inteligência. Ou seja, as manifestações de vontade e liberdade.

Produzimos atos deliberados, nos quais, inúmeras vezes, perdemos a espontaneidade para atender a interesses de outra ordem que não a definida pela voz interior.

A dor e o prazer são mecanismos de educação universais. Tudo o que vivemos está sujeito a eles.

A história da humanidade ainda é um livro de dor e sofrimento. E certamente, uma vez mais, voltamos à velha questão: por quê? É uma punição, uma reparação do passado, uma expiação, é uma grande brincadeira do destino? O que é?

Fundamentalmente, ela é considerada uma lei de equilíbrio e educação. Sem dúvida, as falhas do passado (desta e de outras vidas) retornam para nós como necessidade de aperfeiçoamento (falamos sobre isso no capítulo anterior ao tratarmos das afinidades).

A dor e o prazer são duas formas extremas e contrastantes da sensação. Para suprimir uma ou outra, seria necessário suprimir a sensibilidade, o que é impossível. São, pois, inseparáveis em princípio e ambos são necessários à educação do ser, que, em sua evolução, deve experimentar todas as formas de prazer e dor.

A dor física produz sensações; o sofrimento moral produz sentimentos. Mas, no sensório íntimo, sensação e sentimento confundem-se e são uma coisa só.

Assim, o prazer e a dor não estão nas coisas externas, mas em nós mesmos, incumbindo-nos de regular as sensações, disciplinar os sentimentos, dominar uns e outros e limitar-lhes os efeitos.

Em suma, viver com sofrimento ou ter prazer em viver são consequências diretas de nossas escolhas e do modo como encaramos a vida.

Epíteto dizia: "As coisas são apenas o que imaginamos que são". Cabe-nos, então, entender pela vontade a dor e torná-la proveitosa.

Se a dor aponta-nos as causas de sofrimento e nos fala das ações equivocadas que cometemos e cujo retorno estamos recebendo, o prazer nos impulsiona às descobertas.

Se o homem não fosse estimulado a fazer uso dos bens da Terra, senão pela sua utilidade, sua indiferença poderia comprometer a harmonia do universo: Deus lhe deu o atrativo do prazer, que o solicita ao cumprimento dos objetivos da Providência, e ao mesmo tempo testa sua relação de domínio sobre ele, dentro da proposta de ser senhor das coisas da Terra.

A dor e o prazer são também verso e reverso de uma mesma moeda, ou, se quiserem, mais um dos movimentos cíclicos da evolução.

O excesso de prazer pode nos conduzir à dor, mostrando-nos uma fraqueza de personalidade, exemplo típico das relações com substâncias como álcool, comida etc. Isso também pode acontecer em relação às questões morais, como por exemplo, o prazer de mandar mostrando uma face autoritária do ser.

Excessos são ações de forte intensidade e trarão reações idênticas em retorno às nossas vidas, desencadeando doenças terminais aflitivas em nosso organismo ou nos abrindo as portas da solidão e do abandono.

A ausência ou a negação do prazer, ensinada por muitas correntes religiosas e filosóficas, são igualmente desestruturadoras, pois negam a natureza humana, acarretando dor e desenvolvendo comportamentos apáticos, doentios e depressivos.

A espiritualidade superior também nos ensina que toda a dor corresponde a um vício ou a uma fraqueza do ser; e todo prazer corresponde à conquista de uma virtude.

Somos os interessados diretos e os principais responsáveis por nossas escolhas na vida. Não é por que somos punidos ou culpados que sofremos; é simplesmente por que esse é o mecanismo da vida para nos alertar quanto às escolhas que fazemos.

Não somos culpados; somos simplesmente responsáveis por nossos atos e nossas escolhas, que desenham ao nosso redor a espiral em que vivemos.

Juntando esse entendimento aos anteriores, é fácil perceber que temos em nós prazeres e dores desta e de outras vidas, que, nas expressões de Kardec, se referem exclusivamente à questão da dor: causas anteriores ou atuais das aflições.

Mas seja desta ou de outra vida, todas são inegavelmente fruto de nossas atitudes, manifestando-se no tempo e no espaço e dependendo unicamente de nós para nos libertar dos ciclos de dor.

PARA PENSAR

O que quer que você faça, não fique perturbado ou ansioso, mas seja livre e olhe para as coisas como um homem, um ser humano, um cidadão, uma parte da criação que deve morrer.

Entre os pensamentos usuais, mantenha evidenciados estes dois: em primeiro lugar, que nada fora da mente pode perturbá-lo — a perturbação vem da opinião da mente sobre o que está fora dela; e, em segundo lugar, que tudo aquilo que você vê agora mudará dentro de um instante e em seguida não existirá mais.

Será que você pode começar a contar quantas mudanças já testemunhou?

Segundo Marco Aurélio, que fora imperador de Roma, "o Universo é mudança; a vida é opinião".

O ORGULHO E A HUMILDADE

Bem-aventurados os pobres de espírito, porque deles é o reino dos céus.[49]

Por pobres de espírito, Jesus qualifica as pessoas humildes, opondo-se ao conceito vigente na época que denominava como "pessoas de espírito, sábias ou prudentes" aquelas que detinham títulos ou cargos e que eram, no fundo, descrentes de Deus, tendo como única fonte de conhecimento e poder e manifestando um comportamento orgulhoso. Poder-se-ia repeti-la assim: "Bem-aventurados os humildes, porque deles é o reino dos céus".

---

49 - Mt 5:3.

Em várias passagens, Jesus convida-nos à conquista da humildade, chama-nos à simplicidade e pede-nos que abandonemos as ilusões das coisas transitórias e passemos a ouvir a voz interior — nossa própria consciência —, que nos conduzirá a caminhos de paz e harmonia na jornada evolutiva — ao reino dos céus.

Se sintonizarmos a estação da consciência, uma das primeiras coisas que ouviremos será o convite à autodescoberta de quem realmente somos e o que valemos.

Nesse processo de autodescoberta, nos defrontamos com a dualidade do orgulho e da humildade, entre tantas outras, que ainda residem em nós.

Nós somos uma espécie de estranho arco-íris moral. Não há ser humano destituído de virtudes, assim como, em nosso estágio evolutivo, não há seres humanos sem vícios.

Tão próximos são esses nossos "lados", que se torna difícil o reconhecimento.

Santos e demônios. Inocentes e perversos. Bondosos e egoístas. Passionais e indiferentes.

Desejar compreender a humanidade sem reconhecer nossa dualidade, nossa adolescência espiritual-emocional, é tarefa inglória que sempre nos conduzirá ao sectarismo, à intransigência, a velhos responsáveis por inúmeras dores.

Aceitar em nós essa dualidade existencial é o caminho para a libertação de culpas e exigências descabidas quanto a nós mesmos e aos outros, possibilitando-nos um real autoconhecimento apreciativo de nosso lado "anjo" e de nosso lado "demônio", processo indispensável à fixação e à predominância dos valores superiores do bem em nossa personalidade.

Ao julgarmos que pertencemos aos "bons", condenamos a serem "maus" os que pensam de forma distinta da nossa. Estabelecemos a separação, os lados opostos, e o embate, dessa forma, se torna inevitável. Quando duelam nossos lados demoníacos, a violência é o produto final.

Portanto, classificações e catalogações de condutas são sempre relativas, pois não é possível estabelecer exatamente uma linha divisória em nosso ser.

Entretanto, é perfeitamente viável visualizarmos os extremos do caminho que estamos trilhando entre o vício e a virtude e daí poderemos dizer: eis aqui um orgulhoso ou eis lá um humilde.

As nossas dualidades são como "cara ou coroa", frente e verso da mesma moeda. Ou seja, no cerne do que chamamos de vício ou virtude, há uma questão central comum.

Qual será ela em se tratando de orgulho e humildade? O que você arrisca?

Afora essa questão central, eles também compartilham da dificuldade de serem identificados e definidos por aquilo que efetivamente são.

Costumamos utilizar equivocadamente as expressões orgulho e humildade, empregando-as em situações que nada têm a ver com vícios ou virtudes morais. Vamos pensar um pouco sobre isso.

O que é orgulho?

Essa palavra origina-se no termo catalão *orgull*, que é uma característica de alguém que tem um conceito exagerado de si mesmo.

Também pode ser usado tanto como sinônimo de soberba e arrogância (ideológica) quanto para indicar dignidade ou brio de um "estado".

Portanto, usamos a palavra tanto com uma conotação positiva quanto negativa, dependendo do contexto e do sentimento que ela representa. Isso, então, gera confusão na hora de pensarmos o que efetivamente é o orgulho.

Vamos extrair e examinar elementos do conceito de *orgull*. Ele é sucinto: conceito exagerado de si próprio.

Conceito exagerado quer dizer excessivo, além do que realmente é. Logo é irreal, ilusório. Não é lúcido.

Uma pessoa orgulhosa literalmente não se enxerga. Ela se vê aumentada, potencializada, sente-se mais inteligente do que é, mais capaz do que é, e isso costuma levá-la a olhar e considerar os outros com desdém, como sendo automaticamente menos do que ela.

Para a pessoa orgulhosa, ela é poderosa e os outros são os outros. Costumo dizer que o orgulhoso é quem engoliu o rei e, para sua desgraça, ele tem problemas digestivos.

O rei não fez digestão, ficou enclausurado dentro dele e é despótico, dita regras e condutas, exige, cobra, tortura quem ele julga inferior, desfila sua superioridade imaginária, seguido por um cortejo digno dela: vaidade, solidão, abandono, egoísmo, arrogância... E sua principal vítima é seu hospedeiro.

Esse rei intransigente o conduz, fazendo-o agir sem consciência. Aliás, é frequente se enunciar uma grande verdade quando se diz que alguém está "cego de orgulho".

Também dizemos que alguém "caiu do cavalo" e que sua queda é dolorosa. Referência a quem se coloca em uma posição que não tem meios de sustentar.

É como estar sobre um animal, que o domina e o conduz quando, como e para onde quer, e no pinote a dor é grande.

Chamamos isso de orgulho ferido. É um choque de realidade sob o nome de fracasso. É a vida mostrando o real limite de quem ele é.

Exatamente por que o orgulho é uma crença a respeito de si, distorcida, sem lucidez. O orgulhoso não se conhece.

As formas positivas em que empregamos a expressão orgulho estão relacionadas à dignidade de uma pessoa, ou ao sentimento positivo direcionado a outro indivíduo, que é representado por satisfação, dever cumprido.

Por exemplo: quando alguém diz que tem orgulho pela formatura de um filho. Ou ainda a satisfação por uma característica, objeto ou atributo que se possui, como orgulho profissional, orgulho gay etc.

Essas formas ligadas à dignidade e satisfação pessoal são ótimas, desde que não sejam exageradas, porque se forem... é sinal de que já caíram no conceito comum e estão fora da realidade, são distorcidas.

E a humildade, o que é? Também há confusão em torno dela?

Sim, e grande! Diz-se: "Ele é uma pessoa humilde, não tem onde cair morto". Isso é usado para referir-se à condição econômica e não à virtude moral de uma pessoa.

Correto, então, seria dizer que essa pessoa é pobre. E não há nada de ofensivo nisso. É uma das escolas da vida para a evolução do espírito.

Confundimos humildade com baixeza, privação da dignidade, baixa autoestima, o fato de nunca nos considerarmos capazes de qualquer reação ou realização ou de crermos que somos menos do que os outros. É alguém subserviente, incapaz de dar um "basta", de dizer "chega", de dizer "não".

Sobre essas questões, Kant escreveu: "Quem se transforma em minhoca não deve queixar-se, depois, de ser pisado".

E Spinoza vai um pouco além quando diz que: "Aqueles que imaginamos mais cheios de desestima por si mesmos e de humildade são geralmente os mais cheios de ambição e de inveja." Acendeu a luz amarela: cuidado!

Por fim, não é humildade — e dela está muito longe — a consciência pesada, o remorso e a vergonha. Esses sentimentos são autodestrutivos.

São cobradores internos implacáveis, que vivem buzinando na mente que os acolhe que a pessoa poderia ter agido de outro modo e melhor.

Veja: cobram-se baseados em suposição. E a humildade tem uma mensagem completamente diferente. Ela diria calma e mansamente: "Você fez o que podia fazer".

A pessoa humilde não se acusa nem se desculpa, nem tem raiva de si mesma, porque a humildade é uma virtude racional, que anda de mãos dadas com a misericórdia e a coragem.

Então, abra o olho quando alguém declarar-se "muito humilde". Isso é contraditório. No entanto, quando lhe disserem calmamente "eu sei que me falta humildade", confie. Esse é o primeiro passo para tornar-se humilde.

O que é humildade? É a virtude lúcida do homem que sabe não ser Deus. A humildade baseia-se no conhecimento de si mesmo e de seu justo valor. Ela recusa a ignorância. Ama e busca a verdade.

A humildade faz parceria com a sinceridade e não cultiva ilusões. Sinceridade e modéstia verdadeira se retroalimentam, deslocando a "Sua Majestade", o "eu" que perde seu trono.

Por fim, a humildade abre portas ao amor. É pré-requisito do amor verdadeiro, pois, sem ela, o "eu" ocupa todo o espaço e somente vemos e nos relacionamos com o outro como objeto ou inimigo.

Ser humilde é esforçar-se para se libertar das ilusões que alguém tem sobre si mesmo. É autoconhecer-se. É se tornar capaz de se expor só e nu, sem máscaras, ao amor e à luz. Em síntese, se expor à vida dessa forma.

Eis as características que nos permitem visualizar e reconhecer pontos extremos em nossa trajetória de amadurecimento.

Recorde seu comportamento durante o dia de ontem. Aja como se estivesse selecionando grãos: anote-os todos em pequenos pedaços de papel e disponha-os embaralhados, misturados sobre a mesa, e depois comece a separá-los.

Tente, então, reconhecer as características de atitudes orgulhosas ou humildes em seus atos e escreva-as nas linhas abaixo, justificando para si o porquê da classificação.

A humildade desperta e mantém em nós a postura de aprendizes, curiosos, de crianças que desejam conhecer livremente as coisas, sem ideias preconcebidas. Por isso, Jesus nos ensinava que se não nos tornássemos como crianças, não entraríamos no reino dos céus.

Lembre-se de algum episódio de sua infância em que buscou o conhecimento e analise que tipos de sentimentos o conduziram a isso. Anote para não esquecer.

Você mudou sua ideia a respeito de qual seria o elo entre o orgulho e a humildade?

PARA REFLETIR:
A PUREZA E A IMPUREZA

> O que contamina o homem não é o que entra na boca, mas o que sai da boca, isso é o que contamina o homem. Mas, o que sai da boca, procede do coração, e isso contamina o homem; porque do coração procedem os maus pensamentos, mortes, adultérios, fornicação, furtos, falsos testemunhos e blasfêmias; são estas coisas que contaminam o homem; mas comer sem lavar as mãos, isso não contamina o homem.[50]

Desde a mais alta Antiguidade, os homens instituem cultos, rituais e hábitos de purificação exteriores e dividem as coisas e as pessoas em puras e impuras.

50 - Mt 5:11-20.

Os fariseus eram rigorosos ao extremo nos hábitos de purificação prescritos pela lei judaica e faziam do cumprimento dos rituais de purificação um cavalo de batalha.

Na Bíblia, encontramos a seguinte passagem que ilustra a preocupação com essa dualidade:

> E, estando ele ainda falando, rogou-lhe um fariseu que fosse jantar com ele; e, entrando, assentou-se à mesa. Mas o fariseu admirou-se, vendo que não se lavara antes de jantar. E o Senhor lhe disse: Agora vós, os fariseus, limpais o exterior do copo e do prato; mas o vosso interior está cheio de rapina e maldade. Loucos! Quem fez o exterior não fez também o interior?[51]

Outra vez, Jesus reafirma que a pureza ou a impureza são vivências interiores e com isso despreza todas as regras e práticas de purificação exterior do homem.

A única purificação real sancionada pelos ensinamentos de Jesus é a interior, é a transformação do ser humano em alguém melhor. Ou seja, a única prática de purificação real é o nosso trabalho de reforma íntima. A conquista da virtude pode ser entendida como a purificação das paixões.

---

51 - Lc 11:37-40.

Você já observou a água da chuva caindo e sendo recolhida em algum recipiente?

Temos a ilusão de que água que cai do céu é pura, entretanto, ao olharmos para o recipiente, notamos que ela não é cristalina; ao contrário, é escura.

Se aguardarmos algumas horas depois de passada a chuva e voltarmos ao recipiente, encontraremos a água clara e limpa. Porém, veremos partículas de poeira e terra acumuladas no fundo do recipiente.

Houve um processo de decantação, que é uma tendência natural de que todas as partículas pesadas busquem o fundo e que a superfície fique limpa e leve.

Com as nossas emoções e nossos sentimentos, acontece esse mesmo processo. Manifestamos um exterior limpo e claro, mas muita poeira ainda reside no fundo de nossos corações.

É por essa razão que, em inúmeras circunstâncias, somos surpreendidos pelas nossas próprias reações e pelas reações dos outros.

Costumamos expressar essa verdade ao dizermos frases do tipo: “Não cutuque a fera com vara curta. Não pise nos meus calos”. Ou, nos referindo a um ato de terceiro: “Não imaginei que ele fosse assim, parece que tem outro por dentro”.

São as nossas imperfeições, impurezas e paixões malconduzidas, que dormem no fundo de nossos corações e que a educação do mundo nos faz disfarçar.

São dualidades profundas, inconscientes, que se manifestam às vezes de forma absolutamente descontrolada, respondendo por condutas, muitas vezes, até criminosas, que nos julgamos incapazes de cometer.

Assim, desejosos de lançar a responsabilidade a outrem, apontamos mil causas externas como culpadas pelo fato, inclusive atribuindo a conduta a uma "possessão demoníaca", ou a um obsessor.

Na verdade, nossas impurezas, que também respondem por afinidades com entidades espirituais desequilibradas (mas que não são as responsáveis por sua existência), pertencem a nós mesmos.

São eitos de trabalho interior, aguardando, exclusivamente, nossa ação transformadora.

PARA PENSAR

Se tendes amor, possuís tudo o que há de desejável na Terra, possuís preciosíssima pérola, que nem os acontecimentos, nem as maldades dos que vos odeiem e persigam poderão arrebatar. Se tendes amor, tereis colocado o vosso tesouro lá onde os vermes e a ferrugem não o podem atacar e vereis apagar-se da vossa alma tudo o que seja capaz de lhe conspurcar a pureza; sentireis diminuir dia a dia o peso da matéria e, qual pássaro que adeja nos ares e já não se lembra da Terra, subireis continuamente, subireis sempre, até que vossa alma, inebriada, se farte do seu elemento de vida no seio do Senhor[...].[52]

A BRANDURA E A VIOLÊNCIA

Bem-aventurados os mansos,
porque eles herdarão a Terra.[53]

Essa nossa dualidade é a que mais fácil se patenteia aos olhos. É também a que foi mais severamente reprimida pela Igreja Romana na tentativa vã de um processo educacional, que castra os sentimentos em vez de nos levar a compreendê-los e discipliná-los como forças naturais da alma, que, como tudo, estão sujeitas à lei de progresso.

A Ira — condenada como um dos sete pecados capitais — levava os que a manifestassem ao fogo eterno. Possivelmente, não sobrasse um único ser humano livre dessa condenação, uma vez que a ira é sinônimo de raiva, cólera, ódio, fúria e é um dos sentimentos básicos de nossa natureza atual.

Suprimi-la ou reprimi-la é uma tarefa digna de Hércules, pois significa lutar contra as próprias disposições do Criador, que a colocou junto ao nosso

---

52 - KARDEC. Op. Cit., p. 131.
53 - Mt 5:5.

instinto de conservação, lado a lado com o medo, a fim de preservarmos a vida.

Jesus, ao enunciar o pensamento de que felizes são os brandos, apontava essa dualidade entre sentimentos brandos (do latim *blandus*), meigos, nas pessoas, em que preponderam sentimentos afetuosos.

Pessoas que são amáveis, afáveis, doces, suaves, bondosas, ou seja, que já aprenderam a lidar com a ira, transformando-a segundo a lei de progresso.

Pessoas que perderam as características marcantes da violência. E aqui não falamos apenas de violência física, fácil de ser vista e identificada; falamos também da violência moral, afinal violência é o emprego de qualquer força contra a vontade ou a liberdade de uma pessoa.

Manifestamos violência no agir, no falar, no pensar, e é precisamente esse sentimento de violência interior, essa agressividade, que nos leva a encontrar tamanhas dificuldades nos relacionamentos interpessoais, uma vez que nos conduz à falta de respeito com a vontade alheia. E respeito inclui também o dever de aceitar o outro com sua individualidade, acolhendo as diferenças e o direito daquele indivíduo de errar.

E como isso é difícil! Especialmente nas relações mais próximas, mais familiares, nas quais nos julgamos extensão do outro e detendo o direito de decidirmos rumos e caminhos que não nos competem, sob a alegação de sabermos o que é melhor para o outro. Isso é violência moral, pois não raramente vem acompanhada de chantagem emocional, que nada mais é do que uma força empregada contra a vontade do outro.

Mesmo inúmeras vezes sendo muito mal compreendidos, felizes são os brandos, porque já descobriram que não precisam usar desses meios e assim desenvolvem relacionamentos muito mais saudáveis e construtivos, empregando sentimentos suaves como a paciência, a tolerância, a resignação.

Felizes são os brandos, porque compreendem que sentimentos são contagiosos e que nossas palavras exprimem pensamentos e conduzem emoções e energias, desencadeando reações conforme a Lei de ação e reação.

Logo, semeamos e colhemos em conformidade. É preciso aprender a fazer bom uso da comunicação e com ela construir relações verdadeiras.

Analisemos, a seguir, a ira e a brandura.

A IRA

Diz um antigo jargão latino: "*Nisi Orbe sine Irae*" ("Não há mundo sem ira"). As Escrituras estão cheias de referências a ela e apontam que nem mesmo Deus escapa à sua ação, ensinando aos homens a temer a ira divina.

A ira se apresenta e se desdobra em inúmeros sentimentos: ligada ao amor nos dá os ciúmes; unida ao dever nos dá a intolerância e a intransigência, que nos conduzem aos excessos. Entretanto, sua companhia preferida é o medo.

Buscando os antecedentes da trajetória evolutiva da ira, vamos encontrá-la desde o reino dos micro-organismos celulares.

Há algumas substâncias que têm a propriedade de reagir ante pequenas excitações, desprendendo grande quantidade de calor e de energia, tal como ocorre com os explosivos.

Todas as formas de substância viva apresentam de maneira constante essa propriedade, que poderíamos denominar de "explosiva", no sentido de que são capazes de devolver muito mais do que recebem. Ou seja, responder com excessos, transformando-se de sensíveis em atuantes, quando são afetadas com determinada intensidade pelos chamados "estímulos" ou excitantes, que, dessa forma, se transformam em incitantes.

Essa propriedade observada em qualquer célula viva chama-se irritabilidade. Eis a razão pela qual, ao darmos um soco em alguém, isso desperta imediatamente uma reação no outro. Cada célula do corpo reage ao ataque.

Ascendendo na escala animal, é possível encontrar outra forma de irritabilidade, agora não mais de origem externa como a celular, mas que pode ser intimamente motivada ou automotivada.

Nesse caso, não é a presença de estímulos externos que leva à agressão, mas a falta de alguma coisa necessária (como, por exemplo, ar, alimento, etc.), que irrita o ser e o faz atacar o ambiente.

Mais um passo na evolução animal e encontramos a conduta agressiva ditada para assegurar o êxito do domínio do meio, que faz o animal lançar-se a dominá-lo e organizá-lo de acordo com seu próprio interesse.

O animal irrita-se constantemente, para evitar irritar-se demasiadamente nas emergências. Daí o fato de os animais acumularem preventivamente o que seu instinto julga necessário a futuras satisfações, como comida, por exemplo. Cães escondem alimentos e ai de quem desenterre seus ossos ou se aproxime deles quando estão se alimentando.

Essa nova forma de comportamento, em que a irritabilidade se desencadeia sem causa aparente nem presente, equivale ao que se chama de conduta imperialista ou invasora do animal em sua periferia ou espaço vital, e que, na psicologia, é designado de agressividade.

Nem todos os seres irritáveis são agressivos, mas todos os seres agressivos são irritáveis. E entre os agressivos, estamos nós, os humanos.

Dado o nosso desenvolvimento cultural, a ira se manifesta em nós como desejo de poder, essa ânsia de domínio, de afirmação e de expansão do Ser. Para que ela venha à superfície e se derrame em nossos atos e palavras, só falta nos sentirmos de algum modo ameaçados em nosso sentimento de poder.

A chispa da ira é a consciência ou a ameaça do fracasso. Começamos a nos encolerizar à medida que nos sentimos fracassados em nossa suposta potência.

Quando alguém, por exemplo, nos atira um insulto absurdo e falta veracidade no que foi dito, nós nos pomos a rir, pois isso não nos ofende; mas se alguém nos lança ao rosto algo que é desagradável e total ou parcialmente verdadeiro, então nossa ira será certa.

Por quê? Porque, no primeiro caso, nos sobram, e no segundo nos faltam meios seguros para anular os efeitos do dito insulto.

Em outro caso, quando estamos desprevenidos e alguém — sem querer ou intencionalmente — nos assusta a fim de se divertir, não nos enfadamos se nosso susto foi leve, mas, se foi realmente forte, nos encolerizamos.

Portanto, a ira nos acompanha em nosso processo evolutivo e está presente nos menores até nos maiores organismos vivos.

É possível observar seus sinais até em bebês recém-nascidos. Experimente apertar-lhes e segurar-lhes levemente os pés e as mãos.

Quando um bebê está desperto e vê um aumento na força de seus movimentos espontâneos, é possível notar seu peito dilatar-se, seu rostinho congestionar-se e dar sinais inequívocos de reação colérica, que se produziu pelo simples fato de opormos uma força contrária à sua vontade.

Há inúmeras reações físicas desencadeadas pelas forças da ira, que, geralmente, vêm acompanhadas de um aumento geral das secreções lacrimal, salivar (daí dizer-se que alguém está babando de raiva), sudoral e renal.

E ainda são comuns fenômenos de hipertensão arterial e de aceleração do metabolismo.

O indivíduo, que está prestes a explodir ou estourar, tem a necessidade de liberar esse excesso energético por meio de gritos, imprecações, movimentos ou gestos.

É um transbordamento tumultuoso da corrente vital, um tanto interrompida em seu curso; algo semelhante ao arroio que, detido por um tronco de árvore, o transpõe e salta em cascata diminuta.

Quanto mais tenha durado a compressão do *eu*, tanto maior tempo será detida a reação colérica e tanto mais poderá durar sua manifestação.

Vamos voltar a analisar as reações de ira dos bebês. Ele está com fome e o fazemos esperar para receber o alimento ou para satisfazer qualquer outra de suas necessidades básicas, imperiosas, como dormir ou ser limpo.

Ele vai chorar cada vez mais até que o atendamos e, quando finalmente ouvirmos seus protestos e satisfazermos sua vontade, ele ainda continuará irritado, protestando, dando mostras de que a ira não se extingue com a reparação do dano.

A ira manifesta-se em conformidade com o grau do sentimento que a insuflou. Quando o medo é mínimo, ela se manifesta em sua forma pura e intensa: a raiva; quando o medo é máximo, a ira se interioriza e o ser se torna rancoroso.

Quando entramos na esfera de ação da ira, sentimos uma indefinível indignação (aumento da própria estima ou dignidade) e experimentamos uma geral impressão de calor e de força animadora.

No dito popular, "o sangue ferve nas veias". Nós sentimos que estamos saindo do eixo, que estamos fora de nosso centro, o que pode ser facilmente entendido, pois nos projetamos sobre o objeto da ira em um impulso de absorção destrutiva.

Em uma manifestação estática, adotamos expressões faciais típicas, contraindo o maxilar inferior; e, em uma manifestação dinâmica, rangemos os dentes, prontos para mastigar, triturar o objeto odiado.

Imagine um pedestre enlameado por um carro que não desviou de uma poça e que, depois de sujá-lo, se afastou rapidamente com seus ocupantes rindo divertidos com a situação do indivíduo.

Por mais que essa pessoa grite, gesticule, e por maior que seja a descarga verbal de sua raiva, esta será insuficiente e inoperante, pois não atingirá o objeto em questão.

Esse pedestre, então, tende a entrar em processo colérico, denominação dada à raiva quando interiorizada.

Nesse caso, a reação orgânica é outra: a os músculos de fibra lisa se contraem e a vesícula biliar lança uma descarga, que pode dar à pele um tom amarelo-esverdeado.

Nesse estado, vivemos um profundo mal-estar e desassossego, quer dizer, um desgosto. Sentimos opressão torácica, peso no epigástrio, e a necessidade de fazermos algo sem que saibamos exatamente o quê.

A respiração e a circulação se aceleram, ocorre uma leve ansiedade e, com facilidade, surge um sobressalto.

Passado algum tempo, esses sintomas se apagam, mas o indivíduo passa a dormir pouco, perde o apetite e apresenta dores de cabeça. Ele está ruminando seu desgosto, ou está armazenando-o.

Resta, então, uma cólera surda e profunda em conserva, que se transformará em ódio à medida que o sujeito se convencer de sua impotência definitiva ante seus ofensores.

A ira totalmente internalizada chama-se rancor e assemelha-se a um abscesso. Quando o processo infeccioso não encontra caminho de exteriorização, depois de dias de dor, inchaço e rubor, é reabsorvido pelo sangue manifestando, assim, a septicemia.

Com o rancor ocorre um fenômeno análogo, pois ele destila e purifica os sentimentos coléricos, dando-lhes um caráter mais letal.

Nessas condições, o sujeito não só sente cólera contra o primitivo objeto de sua ira, como contra todo o conjunto de fatores que o impediram de descarregá-la, e, o pior, contra si mesmo, por não ter sido capaz de satisfazer seus impulsos destruidores.

Por isso, repressão não é solução.

E são justamente esses estados que deterioram nosso mundo interior, enchendo-nos de doenças e fazendo nossos relacionamentos se tornarem infinitamente problemáticos.

A BRANDURA: A TOLERÂNCIA, A PACIÊNCIA E A RESIGNAÇÃO

O ser humano, conforme vimos acima, enquanto está formando a própria individualidade, não pode ser tolerante com o que o afeta desagradavelmente, por ser contrário a seus gostos, suas tendências ou suas inclinações. Seu senso de justiça ainda é pouco desenvolvido e ele tem a necessidade de concretização e autoafirmação da própria individualidade, caracterizando-a e destacando-a notoriamente dos outros.

Nessa fase da vida, custa-lhe suportar sem protesto as contrariedades à sua vontade e o indivíduo só se submete pelo temor, pela reconhecida superioridade dos outros, e pela sua manifesta impotência.

A tolerância é patrimônio da evolução. Não pode ser tolerante o indivíduo que ainda não compreendeu que é seu dever respeitar as opiniões e os procedimentos alheios e opostos ao seus, por não lhe ser lícito proceder com os outros de maneira diferente do que deseja para si.

Esse princípio áureo de justiça e ética só é conquistado ao cabo de muitas encarnações, quando o indivíduo já dispõe de um cabedal de experiências, que o obriga a considerar as coisas e os seres semelhantes por um prisma próximo da realidade — quando compreendemos a humildade.

Tolerância não quer dizer que toda a gente tem o direito de fazer o que lhe apraza, o que melhor lhe pareça.

A bondade é a mãe da tolerância, por isso ela não olha indiferente para o proceder alheio, quando este se apresenta incorreto, inconveniente e possa lesar os interesses morais e materiais, próprios ou estranhos, individuais ou coletivos.

A pessoa tolerante entende a ação de criticar não como forma de aviltar ou de agredir, mas o faz considerando alguns preceitos, tais como:

- Ser feita de um ponto de vista estritamente compreensivo e humano, quer dizer, tomando como norma não um dever ideal, mas uma possibilidade real.
- Ser objetiva, baseada em fatos comprovados e comprováveis.
- Ser franca, dirigida diretamente ao autor e só a ele, pois com isso lhe dá a possibilidade de corrigir-se ou defender-se.
- Ser construtiva, indicando caminhos de aperfeiçoamento em cada caso.

A tolerância impõe-se no sentido de não recorrer à violência para ampliar a razão daquele que a tenha pouco desenvolvida, ou para dar melhor compreensão das coisas e dos fatos aos que tenham deficiente conhecimento sobre eles.

A tolerância não consiste na indiferença. Podemos e devemos ser tolerantes em face das opiniões alheias, por mais opostas que sejam às nossas.

A tolerância também prescreve o respeito às crenças, aos gostos e às tendências dos outros, porém a ninguém impõe o silêncio diante do que lhe desagrade, ou seja compreendido de outro modo.

Ao contrário, respeitando o indivíduo e a maneira como exteriorizam seus sentimentos, a tolerância faz considerá-lo como a si mesmo e a fazer-lhe tudo o que gostaria que lhe fosse feito, tudo o que lhe conviesse.

O que mais nos convém é o aprendizado, o progresso, a evolução espiritual, portanto a tarefa de quem sabe um pouco mais é ensinar a quem sabe menos.

A paciência é a companheira inseparável da humildade. O vício oposto à paciência é a ira. A ignorância é uma terrível inimiga da paciência, que tem fundamento na consciência. Sendo assim, quem não conhece não tem motivos para ser paciente.

Do desconhecimento das leis que regulam os acontecimentos parte a impaciência, que conduz à ira. Do conhecimento de tais leis e da impossibilidade de opor-lhes obstáculo ao funcionamento se origina a paciência.

Por essa razão, os ignorantes não podem ser pacientes. Quando muito, serão impotentes e por isso se submeterão ao que lhes desagrada.

A paciência é uma virtude construtora e edifica segundo a Lei, contribuindo, assim, para o cumprimento das leis naturais, tanto físicas como morais, não lhes opondo à ação o menor obstáculo.

Essa virtude engendra a afabilidade e a doçura, belas manifestações da benevolência ou da brandura de sentimentos, tornando o ser que as desenvolveu alguém apreciável e despertando nele a sensatez e a lhaneza a todos os momentos. Porque quem é paciente, tendo consciência do motivo por que o é, jamais se precipita, evitando os desacertos e os desgostos, filhos da precipitação a que a impaciência conduz os indivíduos.

Aquele que é verdadeiramente paciente só se submete ao que está dentro da Lei Divina e repele, embora sem violência e excessos, o que a ela se opõe.

Como decorrência natural da evolução, a resignação integra o patrimônio moral do ser humilde e paciente e não é, como equivocadamente muitos pensam, a negação da própria vontade.

A resignação é uma ação voluntária de quem conhece a causa do acontecimento e o faz consentir, sem protesto, na sanção da lei. Entende-se por resignação o assentimento da alma ao inevitável. E, sem o conhecimento, não podemos ter consciência do que é evitável ou não.

Ela se impõe em todas as circunstâncias da vida. Há as expiações, as provas, as reparações a que a lei da vida nos sujeita em nosso processo de aprendizado, como efeitos de causas geradas por nós mesmos e a cujas consequências não poderemos nos subtrair. Contra essas ocorrências, é insensato revoltar-se.

Outra vez, neste conceito como no anterior — sobre a paciência —, há incompreensão quando se pensa que, por ser da Lei, devo me resignar e que, se eu sofrer bastante, sem buscar meios de alívio, será melhor.

Precisamos entender que não fomos criados para agirmos como autômatos, mas para, em todo curso da evolução, agirmos como seres conscientes, que desejam capacitar-se de sua situação e da maneira pela qual podemos avançar, auxiliando o progresso.

Eis por que devemos lutar contra as adversidades, conforme nosso modo de compreendê-las, até vencermos, ou convencermo-nos da derrota, pela impossibilidade de continuar a reagir.

A dor bem compreendida nos faz melhores. As contrariedades que não conseguimos vencer são vitórias, quando a alma aceita resignada o inevitável.

PARA PENSAR

Angel Aguarod diz: "Observai a natureza; suas manifestações são às vezes de uma violência extraordinária e o estado de consciência da generalidade dos habitantes da Terra tem que guardar correlação com as manifestações da Natureza" e:

> Reparai num dos vossos semelhantes, a qualquer momento de sua atuação; atentai bem na sua maneira de proceder e, por muito que esta vos choque e repugne, ficai certos de que, em igualdade absoluta de circunstâncias, procederíeis exatamente do mesmo modo.

O PERDÃO E A VINGANÇA

Bem-aventurados os misericordiosos, porque eles alcançarão misericórdia.[54]

---

54 - Mt 5:7.

A misericórdia consiste no esquecimento e no perdão das ofensas. Mas que tipo de perdão é esse de que Jesus falava? Aliás, note que ele diz que aquele que for misericordioso obterá misericórdia para si mesmo, afirmando com isso que todos nós, indistintamente, necessitamos de perdão recíproco neste mundo. Então cabe a pergunta: "Como desejamos ser perdoados?".

Podemos perdoar aparentemente uma pessoa, dizendo a todos que esquecemos o que ela nos fez e o que nos magoou, entretanto como vimos no estudo referente à ira, podemos internalizar um sentimento de raiva.

Nesse caso, teremos palavras e gestos educados e pensamentos e sentimentos em rebelião. Há hipocrisia, não perdão.

Podemos também perdoar de forma ofensiva, ou seja, fazendo de nosso "ato magnânimo" uma vingança. Isso se dá quando a todo o momento lembramos o ofensor de que ele nos agrediu ou em discussões buscamos as antigas mágoas para incluí-las no presente. Dessa forma, não houve esquecimento, não houve perdão.

Pode-se, ainda, fazer pior e ostentar o perdão, enquanto, lado a lado, propagandeamos nossa benevolência e ressaltamos os vícios e os equívocos do ofensor.

Só uma maneira verdadeira de perdoar, que é o esquecimento da agressão no plano psicológico/emocional. É lógico que o fato não se apagará de nossa mente, entretanto quem perdoa não remói a lembrança da pessoa que a agrediu e, assim, não alimenta a ira e o rancor que a conduziriam a um desejo de vingança.

Essa atitude mostra sabedoria, pois, de uma só vez, quem perdoa se liberta de todos os transtornos ocasionados pela ira no aspecto físico, emocional e espiritual.

Como lembra Kardec, "[...] a morte, como sabemos, não nos livra dos nossos inimigos; os Espíritos vingativos perseguem, muitas vezes, com seu ódio, no além-túmulo, aqueles contra os quais guardam rancor[...]"[55].

Perdoando, apaziguamos, em primeiro lugar, a nós mesmos e depois aos nossos relacionamentos conflituosos. Por fim, evitamos que eles se perpetuem em vidas futuras.

Aqui, como nos precedentes estudos de nossas dualidades, há sempre interpretações exageradas ou impróprias, que precisam ser repensadas. Desculpar as ofensas não pressupõe passividade, fuga ou viver em eterna autopiedade.

Perdoar é a compreensão de que, para enfrentar atitudes perturbadoras ou estruturas desajustadas, a criatura não precisa estar cheia de ódio, mas

---

55 - KARDEC. Op. Cit., pp. 142-143.

comprometida com a paz. É, essencialmente, uma maneira de mostrar o outro lado, quer dizer, de não revidar o mal com o mal.

O rancor abrigado no coração causa no ser humano estados destruidores, portanto, é preciso recusar-se a aceitá-lo como solução dos problemas.

O ato de perdoar não exige que você ignore ou negue sua mágoa ou qualquer outro sentimento, nem implica que o agressor não deva ser responsabilizado por suas ações.

Se você se mantiver inflexível na sustentação da raiva, se ligará ainda mais a essa situação infeliz. Se não aprender a perdoar, estimulará as circunstâncias de opressão em que vive, agravando-as. Trata-se da Lei de ação e reação.

Jesus, mestre da Vida Superior, que supostamente foi ultrajado, não teve que perdoar. Quem ama verdadeiramente jamais se sente ofendido.

Não lhes peço que nos comparemos a Cristo ou que nos comportemos como Ele, pois todos nós sabemos da distância evolutiva que existe entre nós e o Mestre.

Convido-os apenas a compreenderem o ensinamento cristão, a fim de superar as ofensas sem se maltratarem, entendendo que perdoar é libertar-se de alguém ou de uma situação que já os fizeram infelizes uma vez, mas que não precisa perpetuar-se em seu íntimo.

É como arrancar o espinho que uma vez foi cravado na carne.

PARA PENSAR

O perdão, como o amor, não é um sentimento que nasce pronto. Ele é construído em um trabalho diário e começa pelo estabelecimento de uma distância, pelo deixar passar as mágoas.

Depois, por impor entre a causa e o fato um distanciamento tanto físico quanto emocional.

É envolver-se com outros interesses, esquecer, apagando em si todos os traços dos sentimentos destrutivos.

Sabemos quando perdoamos algo ou alguém, se, ao recordá-la, não somos acometidos de irritação ou raiva.

Não nos sentindo mais ameaçados, significa que nos libertamos da mágoa e construímos o perdão.

REPENSANDO

Neste capítulo, procuramos mostrar e analisar algumas de nossas dualidades emocionais, frutos do nosso estágio evolutivo, reconhecendo suas principais características.

Fizemos isso com base no estudo das bem-aventuranças, contido nos capítulos V, VII, VIII, IX e X de *O Evangelho Segundo o Espiritismo*, de Allan Kardec.

Grife no texto as ideias que mais lhe chamaram a atenção.

Anote-as e analise-as, justificando sua escolha e levando em consideração o que essas ideias disseram a você e em que têm a ver com sua realidade atual:

Este estudo modificou algo em sua maneira de pensar e ver o mundo e a vida? Escreva sua conclusão.

Capítulo 4
O amor

E os fariseus, ouvindo que ele fizera emudecer os saduceus, reuniram-se no mesmo lugar; e um deles, doutor da lei, interrogou-o para o experimentar, dizendo: Mestre, qual é o grande mandamento da lei? E Jesus disse-lhe: Amarás o Senhor teu Deus de todo o teu coração, e de toda a tua alma, e de todo o teu pensamento; este é o primeiro e grande mandamento. E o segundo, semelhante a este, é: Amarás o teu próximo como a ti mesmo. Destes dois mandamentos dependem toda a lei e os profetas estão contidos nesses dois mandamentos.[56]

---

56 - Mt 22:34-40.

AMOR A DEUS

Falar de amor, em nosso modo de pensar e sentir, exige uma síntese dos temas que já abordamos e um prelúdio dos que virão ainda.

Não podemos falar de amor — lei máxima da vida segundo o resumo de Jesus, que disse que nela está contida todas as outras — sem falar de evolução, da nossa posição no mundo, de reencarnação, e sem ter claro em nossa mente a condição emocional atual tão marcada por contrastes.

E, falando de amor, temos que antecipar brevemente alguns temas como: caridade e perfeições morais. Precisamos entender alguns elementos contidos no resumo das leis da vida feito por Jesus.

Qual é o primeiro mandamento? "Amarás, pois, ao Senhor teu Deus de todo o teu coração, e de toda a tua alma, e de todo o teu entendimento, e de todas as tuas forças; este é o primeiro mandamento"[57].

O que está dito nesse enunciado?

A ideia é de que o amor a Deus seja em plenitude.

Veja a ênfase: "Amarás, pois, ao Senhor teu Deus de todo o teu coração, e de toda a tua alma, e de todo o teu entendimento, e de todas as tuas forças"[58]. Quer dizer que precisamos desenvolver uma forma de amor integral, incondicional, consciente.

---

57 - Mc 12:30.

58 - Ibidem.

Ora, se concebemos a existência de algo na plenitude é porque ela tem ou teve um contrário, que seria uma forma partida, dividida.

Da mesma forma, em relação às demais características, também somos levados a admitir que temos maneiras de amar condicionais e até inconscientes.

No capítulo anterior, falamos das dualidades e que caminhamos de um extremo a outro na trajetória de evolução possível e compatível ao mundo em que habitamos.

Lembra-se da imagem da decantação da água da chuva? Vamos retomá-la. Na água recém-colhida da chuva, os elementos estão em desordem, misturados, e por isso ela é escura. Mas, nessa mistura, existem todos os elementos da água cristalina.

São como as sementes do amor em nós. Em meio a todas as nossas contradições, existem sementes de divindade, em forma de amor, que se encontram conosco desde a nossa criação e nos acompanham, desenvolvendo-se gradual e lentamente, vida após vida, suplantando nossas deficiências.

Quer ver:

> O amor resume a doutrina de Jesus inteira, visto que esse é o sentimento por excelência, e os sentimentos são os instintos elevados à altura do progresso feito. Em sua origem, o homem só tem instintos;

> quando mais avançado e corrompido, só tem sensações; quando instruído e depurado, tem sentimentos. E o ponto delicado do sentimento é o amor[...].[59]

No início, o homem — e entendemos por início as primeiras fases da evolução espiritual — é inteiramente dominado pelos instintos e tem pouco desenvolvida a inteligência.

Conforme vai avançando, surge a luta com as dualidades, onde se faz necessário aperfeiçoar as virtudes. Somamos, então, instinto, sentimentos, vontade e razão e, com essa bagagem, nos lançamos em busca do amor quando despertamos nossa consciência para as verdades da vida.

É nas energias do amor que encontraremos as forças necessárias para vencer e transformar vícios em virtudes.

As manifestações do amor são perceptíveis no universo dos infinitamente pequenos até chegar à espécie humana. Podemos, então, falar em raízes metabólicas do amor.

Para os que creem que o amor é, antes de tudo, uma atração, é bom saber que, geneticamente, é a sua qualidade de expansão que se apresenta como fundamental — e isso explica o aspecto absorvente e possessivo que certas personalidades primárias assumem.

---

59 - KARDEC. Op. Cit., p. 156.

Há um momento no crescimento da ameba no qual se surpreende um crescimento protoplásmico. Ela alcança a plenitude e turgescência tais, que começam a dificultar sua própria existência individual. Vai acumulando perto da membrana de contato um número cada vez maior de moléculas químicas, que representam um peso morto, um estorvo e uma ameaça à sua sobrevivência.

No instante em que ela alcança seu volume máximo e sua vitalidade, a natureza a faz enfrentar um dilema: escolher entre renovar-se ou morrer, isto é, transformar-se para viver uma nova vida ou ancilosar-se e mumificar-se, persistindo para perdurar na sombra do que foi.

Quando chega esse momento crucial na vida de qualquer organismo vivo, é que melhor vemos a impossibilidade de separar a vida da morte e nos defrontamos com a lei cíclica ou circular.

Do ponto de vista orgânico, surge, nessa passagem, a reprodução (da vida física ou das oportunidades do espírito), que, do ponto de vista físico-químico, marca a raiz ancestral do amor.

Ao enfrentar esse dilema, ocorre com a ameba o fenômeno da bipartição: começa a produzir-se um estrangulamento em seu centro, que adquire a forma de um fuso e, a seguir, a de um oito.

Finalmente, a ameba divide-se em duas células que logo se distanciarão e viverão independentemente, iniciando seu processo de crescimento e expansão até que, por sua vez, sofram o mesmo ciclo da bipartição.

O amor apresenta um grande paradoxo biológico, pois é a única força capaz de aumentar na razão direta dos obstáculos ou resistências que se opõem a ele. Por isso, o amor acabará triunfante sobre os vícios.

> Até as plantas buscam a Deus e o amam. Não buscam a luz, o calor, a umidade? Tudo isso é o melhor para elas é a garantia de sua vida. Buscando o que lhes convém, buscam o melhor, porque ainda que inconscientes, amam a esse melhor, que elas buscam e amam, é Deus.
>
> Não há criatura alguma, por mais corrompida, por mais impura, por mais materializada, que não busque e ame a Deus. Haverá a que não ame alguma coisa? Se não encontrais animal nenhum sem amor, do mesmo modo que nenhuma planta, como pode haver criatura que não ame? E que é o que ama toda criatura? Que é o que busca? Busca a Deus e ama a Deus. Ignora-o? Não importa.
>
> Não deixa por isso de buscar e amar a seu próprio Pai, ao Ser dos seres, Aquele a quem deve a existência. E como deixaria de ser assim, se entre a causa e o efeito

> tem de haver inteira correspondência? De tal maneira estão unidos a causa e o efeito que se não concebe uma separada do outro. Algo da causa há sempre no efeito e é impossível a inexistência desta correlação. A causa obra no efeito, como essência deste. É o que se poderia chamar: seu espírito. Se a causa é o espírito do efeito, o efeito é a sua vestimenta, sua forma de manifestação.
>
> Assim sendo e não podendo haver mais que uma Causa Absoluta, porque não há mais que um Deus verdadeiro, todos os seres e todas as coisas são efeitos dessa Causa e essa Causa é que os anima, isto é, está imanente em toda a obra gerada por Ela e manifestada.[60]

Por essa ideia, compreende-se o que há de divino no mais recôndito de cada ser e que ele busca, muitas vezes inconscientemente, a própria origem e se esforça por manifestar a sua semelhança com ela.

A nossa dificuldade em ver o amor e entendê-lo está na maneira acomodada como nos detemos a pensar e estudar sobre este tema, assim como outros, não considerando como manifestações legítimas senão aquelas que correspondam a nosso modo de ver.

---

60 - AGUAROD, Angel. "Influência do Espiritismo no Mundo". Disponível em http://www.cerluz.org.br/Nav.php?ida=11. Acesso em: 21 ago. 2015.

Entretanto, a diversidade de graus no processo de desenvolvimento espiritual dos seres é o que produz todas as manifestações de um mesmo sentimento.

> [...] Começa-se esse desenvolvimento na inconsciência completa a consciência alvorece depois e vai adquirindo corpo paulatinamente. Porém, no período da inconsciência e no de semiconsciência que lhe segue, veem-se as coisas e se apreciam os sentimentos de maneira muito diversa do que eles são em realidade [...].
>
> Passando da inconsciência à semiconsciência, o ser já se aproxima um pouco da realidade depois, a semiconsciência conduz à consciência plena e, nesse estado, já se contemplam as coisas e os sentimentos tais quais são [...].
>
> Tudo nEle se move e realiza. Seu Amor em tudo transborda. Levado pelo amor divino, o ser inconsciente agita-se e atua em torno das suas preferências, tanto quanto o que conscientemente desempenha o seu papel na vida. O ser, hoje consciente, foi inconsciente ontem. O inconsciente de agora será o consciente de amanhã. Tudo

> progride, tudo evolve, ao influxo do amor divino, compreenda-o ou não a criatura humana.[61]

As manifestações de religiosidade guardam íntima relação com esses estados de consciência, motivo pelo qual todas merecem absoluto respeito e são inegavelmente manifestações de amor a Deus.

Suas variadas formas simplesmente são decorrência do estágio de evolução de seus profitentes, aí se incluindo a compreensão do que seja Deus e a forma de demonstrar seu amor a Ele.

Se alguns ainda comerciam com o Divino, digo isso no sentido de que propõem trocas, as costumeiras promessas, ofertas ou oferendas, "se" ou "para" receber isto ou aquilo, que atenda a seus interesses pessoais e à própria visão de justiça, há aí uma manifestação de amor condicionado.

Quando atingimos ou ampliamos nossa consciência, começamos a ver, compreender e amar a Deus, pelo estudo e pela análise de sua criação dentro e fora de nós, e nos entendemos plenamente na condição de seus filhos, de semideuses — como disse Jesus — ou de cocriadores da obra divina. Despertamos.

Estabelecemos e desenvolvemos com Deus uma relação de afetividade, de respeito, mas não de seres subservientes. Não somos "servos de Deus", mas "filhos de Deus criados por e para o amor". E isso muda muita coisa.

---

61 - AGUAROD, Angel. "Influência do Espiritismo no Mundo". Disponível em http://www.cerluz.org.br/Nav.php?ida=11. Acesso em: 21 ago. 2015.

"Eu e o Pai somos um"[62], também dizia Jesus. Então, você, eu e toda a sociedade humana também somos ou poderemos ser um com Ele. Unos com Ele.

E essa experiência de unidade é proporcionada pelo amor, que enfatizará não uma forma correta de pensar ou agir religiosa, mas resultará em uma maneira correta de viver, na qual tudo, cada ação banal ou importante, é vivida de forma correta.

Primeiro, essa atitude abre portas à tolerância; segundo, enfatiza a compreensão do ser humano em transformação, em constante e permanente busca do melhor.

Qual é a sua relação com o amor a Deus?

____

____

____

____

____

O que você considera que modifica a maneira de pensar, apresentada no texto, quanto à sua relação amorosa com o divino? E das pessoas em geral?

____

____

____

____

____

62 - Jo 10:30.

AMOR A SI MESMO

Do mal nascerá forçosamente o bem em todas as coisas, uma vez que se entenda que ele é pura e simplesmente a ausência do bem. Esse ensinamento é fartamente exemplificado no livro da natureza.

Quando saboreamos uma deliciosa fruta, não lembramos os caminhos de evolução que ela percorreu. Ninguém se recorda da semente lançada em meio ao esterco, que precisou apodrecer nas entranhas da terra e lutar para encontrar a luz, lançar raízes nos detritos e buscar tirar dali a alimentação necessária ao seu desenvolvimento.

Não conceituamos essa fruta deliciosa, que nos enche a boca d'água, como uma transformação do estrume. Esse passado não é lembrado, é absolutamente relegado, mas os fruticultores e os agricultores diligentes sabem que a natureza opera dessa forma e, a fim de ter boas colheitas, não negam nem repugnam as transformações necessárias da matéria que enriquecem o solo.

Infelizmente, muitos homens ainda negam que as leis da natureza também regem as ocorrências da vida moral e espiritual.

Negam a unidade da criação e creem-se seres à parte, dificultando o desabrochar da consciência e da compreensão. Criam conceitos e explicações, que incutem culpa e menosprezo, e rotulam sentimentos e vivências alheias destituídos de qualquer senso de compreensão humana como se fossem inquisidores da moral.

Condenam sem pensar, sem refletir, e por que, muitas vezes, têm em mãos a condição de formadores de opinião, engendram preconceitos, difundindo ideias que são verdadeiras jaulas de tortura para aqueles que as acatam.

Eles e os que acolhem suas ideias sem análise crítica renunciam ao direito de livre exame e aceitação do que quer que seja divulgado e entre em suas mentes. Equivalem aos que se alimentam sem nenhum critério e, com o passar do tempo, reclamarão das doenças do caminho.

Com as ideias ocorre o mesmo: é preciso filtrar o que atravessa as barreiras do nosso pensamento. Elas gerarão sentimentos e ações que serão nossa responsabilidade.

Tão diminuída já está a autoimagem dessas pessoas, que elas dizem: "Quem sou eu para contestar o que o fulano está ensinando ou dizendo?".

Essas pessoas estão esquecidas de fatores básicos, que vale a pena serem lembrados: todos somos filhos de Deus e cada um de nós tem o seu próprio valor e nossas verdades, nossas capacidades, nossos sentimentos, enfim, a nossa vida, são uma experiência pessoal e intransferível.

Portanto, tudo, absolutamente tudo que nos chega de conhecimento, seja por qual via for, precisa e deve ser confrontado em nosso íntimo, discutido e debatido, selecionando o que tem validade para a nossa construção espiritual naquele momento, com pleno conhecimento de causa, e não simplesmente por que alguém disse algo e por que consideramos essa pessoa melhor do que nós e mais evoluída.

Pode até ser, entretanto os tijolos que construíram minha evolução podem não ter nenhuma semelhança com os de outrem. Por fim, é preciso lembrar também que viver conselhos e orientações que nos distanciam de nossa verdade é caminho certo para o sofrimento e a ilusão.

Ainda que esses caminhos sejam avançados e evoluídos, se eu simplesmente me violentar ou me aniquilar para segui-los, isso não será válido. Afinal, como dizia Sócrates, no Livro *VII da República*: "[...] o homem livre não deve ser obrigado a aprender como se fosse escravo [...], mas as lições que se fazem entrar à força na alma nela não permanecerão".

Por último, esses caminhos nos conduzem a descumprir a grande lei da vida que é a lei de amor. É impossível desenvolver por si mesmo um amor sadio e realizador, se temos na mente esses conceitos punitivos.

Um dos mais típicos é a condenação aos sentimentos egoístas e isso torna impraticável a compreensão, o desenvolvimento e o cumprimento da primeira parte da segunda lei ensinada por Jesus: o amor a si mesmo.

Veja que Jesus disse "amarás o teu próximo como a ti mesmo"[63]. Portanto, é preciso que primeiro eu descubra e desenvolva o amor por mim, para, então, ter a medida, a compreensão e a experiência para conseguir amar o próximo.

Nessa linha, podemos ainda pensar que somente posso dar o que tenho. Então, se não me amo, como poderei amar alguém? E, ainda, se não me amo, se eu mesmo não me suporto e não convivo bem comigo, como posso querer que outros me amem e me aceitem? O interior sempre se refletirá no exterior.

No amor a si mesmo, a expressão do amor consciente tem princípio em nós. A isso muitos chamam de egoísmo, porque leva a pessoa a querer e a buscar o melhor para si, sua satisfação, sua realização.

Antes de condenar redondamente o egoísmo, precisamos pensar nos exemplos da natureza. Durante a gestação do corpo, reproduzem-se todos os passos da jornada de evolução da matéria, desde a atração e expansão celulares desenvolvendo-se em água salgada (tal qual as amebas), estando aí presentes e desenvolvendo-se sentimentos do medo, da ira e do amor, como vimos anteriormente, passando depois pela recuperação das memórias dos

---

63 - Mt 22:39.

aprendizados dos demais reinos da natureza, até formar-se plenamente o corpo humano.

Se isso se dá a nível físico, quando é que se processa a recuperação da trajetória emocional do espírito? Não será durante a infância?

Pense conosco: a criança também não tem como primeira manifestação de consciência e de amor a si mesma atitudes do mais puro egoísmo? Ela também não se acha o centro do mundo, que tudo e todos devem correr a atender seus desejos e que, quando desatendida, se revolta e protesta com violência?

Não é também durante a infância que pais e educadores devem se dedicar a observar e corrigir as manifestações do caráter do espírito reencarnante? Pense, analise e conclua se aceita ou não essa ideia.

Voltemos a dissecar um pouco o sentimento de egoísmo. Como dizíamos, condená-lo, sem qualquer apelação, é um erro, assim como seria um erro condenar o aprendizado das primeiras letras quando se cursa níveis superiores, por considerá-lo de menor valor ou de valor nenhum. Sem ele, nunca teríamos chegado aos conhecimentos maiores.

É precisamente isso que se dá com o egoísmo, que é a nossa primeira manifestação de amor pessoal. É um desígnio da natureza que o amor consciente se desenvolva no indivíduo através de um egoísmo grosseiro, rudimentar.

Entendendo isso, como poderemos condenar nos outros o egoísmo grosseiro? É a natural manifestação de seu estado evolutivo. Qualquer outra, por mais superior que seja, não lhe é possível naquele momento.

É a verdade dele que precisa ser vivida e a própria natureza se encarregará de fazê-la evoluir. Logo, a quem quer que seja só compete ajudar o outro, mostrando-lhe os passos que trilhou, mas sem violência (lembremos do estudo sobre os contrastes ou as dualidades).

Atualmente, fala-se muito em autoestima, considerada um tema moderno, um estudo recente. Doce ilusão, ledo engano.

Jesus e tantos outros espíritos iluminados, que passaram por este planeta, dominavam e ensinavam esse tema com maestria, tanto que o Mestre o colocou como o segundo mandamento para todo aquele que o queira seguir.

Só para atualizar a linguagem, seria possível repeitir a mesma lição em todas estas formas: Ame-se. Perdoe-se. Aceite-se. Desenvolva sua autoestima. Cuide de si, de seu corpo, das suas coisas. Não tenha medo de assumir plenamente suas deficiências. Elas são naturais e não poderia ser de nenhuma outra forma. Busque ser feliz e tornar-se uma pessoa realizada.

Tudo isso é possível sem ferir, maltratar e ser violento com alguém. Tudo isso é possível sem ser arrogante e orgulhoso. Basta amar a si mesmo e seguir avançando para chegar, passo a passo, ao altruísmo, que é a excelsa manifestação de amor ao próximo.

AMAR O PRÓXIMO

Há aqueles que só amam a si mesmos, como vimos acima, e há outros que amam apenas as pessoas que compõem seu restrito círculo familiar consanguíneo.

Outros amam, além desses anteriores, mais alguns poucos amigos. Outros se amam, amam os círculos familiares consanguíneos e aqueles com os quais têm afinidade.

Outros, ainda, acrescentam a dedicação a causas sociais, acolhendo desvalidos e necessitados de toda a ordem, e mais alguns amam a vida e tudo que ela oferece, dedicando-se a usufruir, com intensidade e proveito, o tempo que o Pai lhes concedeu sobre a Terra.

Portanto, quem é o nosso próximo? Não nos responda apressadamente que Jesus já nos ensinou isso na “Parábola do Bom Samaritano”.

Tudo bem! Nós também conhecemos essa parábola e sabemos que nosso próximo é todo aquele que, de alguma sorte, podemos ajudar, portanto não nos apressemos na resposta e vamos pensar com mais vagar.

Nesse ensinamento, Jesus, falando por meio de parábolas, exemplificou o necessitado de ajuda na condição humana. Era uma necessidade da época ensinar dessa forma, porque nem tudo podia ser dito claramente, uma vez que a ciência ainda não tinha cumprido muito de seu papel.

E, absolutamente, nossa interpretação sobre essa lição não retira a validade do seu conteúdo e da resposta dada, se você pensou nela. Está correta. Apenas podemos acrescentar, com os conhecimentos atuais, uma visão mais ampla de quem é o nosso próximo.

Costumamos repetir que tudo o que existe no Universo é criação de Deus, e assim realmente é. Costumamos repetir as lições aprendidas na escola de que fazemos parte de uma grande cadeia de evolução material e acrescentamos a isso a compreensão de que essa lei também se dá no aspecto espiritual, e então dizemos que somos natureza.

Mas, em que tudo isso modifica o entendimento de quem é o meu próximo? Modifica-o, quando nos leva a compreender que tudo que nos cerca na Criação (minerais, vegetais, animais e seres humanos encarnados ou desencarnados) é nosso próximo e merece nossa atenção e ajuda para seu pleno desenvolvimento e capacidade de viver.

Essa é a nossa família. Deus é o Pai e o criador de todas as criaturas, que, por sua vez, são nossas irmãs. Preservar a vida, em qualquer condição de manifestação, é um ato de amor ao próximo.

Posto isso, fica a deixa para que reflitamos sobre como andam nossas manifestações de amor a estes próximos tão esquecidos em nosso pensamento.

Lembre-se de ensinar às crianças e aos adultos a preservar a vida. Cante uma música simples e infantil, chamando o ser natural que você é, representado no indiozinho Curumim, e leve avante a sua mensagem:

Chamado da Natureza

(Sonia da Palma/CD Histórias Cantadas)

Tumba lumba lumba lê
Tumba lumba lumba lá
Tumba lumba lumba lê
Tumba lumba lumba lá
Ê, curumim! Curumim, vem salvar!
A Natureza pede ajuda, vem salvar!
Não jogar lixo no chão e não poluir o mar.
É a hora da ação!
Plantas e animais preservar!
Tumba lumba lumba lê
Tumba lumba lumba lá
Tumba lumba lumba lê
Tumba lumba lumba lá

AMAR O PRÓXIMO DIFÍCIL

É outro ponto nevrálgico da questão de desenvolvermos amor aos nossos semelhantes. Amar aqueles que nos amam e têm afinidade conosco é fácil e agradável.

Amar aqueles que são difíceis de serem entendidos é profundamente gratificante. Se nos ligamos a alguém ou a alguma coisa para sermos amados, a chance de nos sentirmos realizados é menor do que quando nos ligamos a alguém para amar.

O amor gratifica aquele que o sente, o preenche e lhe dá forças que desconhecia, afinal o amor é a única força que se multiplica diante das barreiras.

Estamos conceituando como sendo "próximo difícil" todo ser que tenhamos dificuldade de entender e aceitar e com que nos seja penosa, por vezes, a convivência.

O próximo difícil pode estar dentro do nosso lar, na figura de um familiar com problemas e atitudes que não compreendemos. Pode ser um colega de trabalho ou parente distante, que nos inspira aversão, ou um ser qualquer desequilibrado, que, de alguma forma, nos agrida ou agrida alguém que queremos bem, e tal gesto venha a nos magoar e fazer com que cataloguemos essas pessoas como inimigos ou criminosos.

Jesus nos ensinou o amor aos inimigos, e muitos, tendo dificuldade para entender que um mesmo sentimento tem infinitas maneiras de se apresentar, creem que o Mestre pretendia que amássemos todas as criaturas indistintamente, de forma igual, padronizada. Isso, no entanto, é impossível, pois cada um de nós é um ser único, que dá e desperta uma gama muita própria de sentimentos.

Podemos falar que amamos a todos, mas a intensidade do sentimento varia conforme o objeto desse amor. Logo, não é crível que o Mestre tenha nos pedido para amar com o mesmo afeto alguém que nos feriu e alguém que nos acalentou.

Ele não nos exige um afeto que não pode estar em nossos corações, mas pede-nos que não nos entreguemos ao ódio, ao cultivo de sentimentos e atos vingativos. Jesus pede-nos que busquemos desenvolver uma disposição sincera de ajudar, quando preciso, mesmo aqueles que nos afligem; que, ao sermos atingidos por uma agressão qualquer, reajamos contra a tendência ao isolamento, lembrando e valorizando tudo que de grande e bom existe em nós e nos demais seres humanos, recordando as demonstrações de afeto e benevolência que também já recebemos.

Vivermos afastados, sozinhos, cultivando a tristeza, a depressão, a ira, até que se torne rancor, é algo que estiola nossa alma e a nossa vida.

Não se progride sozinho, por isso é preciso viver com os homens como companheiros necessários.

O bom humor é a saúde da alma.

Abramos, pois, o nosso coração aos sentimentos fortes e sadios, ao amor e, por consequência natural, seremos amados.

PARA PENSAR

> [...] Confie no futuro, ele é feito com a matéria-prima do progresso. As consciências hão de renovar-se e encontrar o caminho da compreensão e da concórdia entre os homens. Essas mentalidades arraigadas que geram as dissensões e impõem condutas cessarão, vencidas pelos ventos da verdade. Lembre-se das frases de Jesus, meu filho: "E conhecereis a verdade, e ela vos libertará." Um dia os homens reconhecerão de público a verdade e ela os fará livres. Liberdade e verdade são conceitos inseparáveis. Somente pode se dizer livre aquele que vive plenamente sua verdade. A liberdade é uma grande alavanca do progresso, portanto, quando usufruímos a liberdade de sermos e vivermos nossas verdades, caminhamos para a realização dos propósitos do grande filósofo de Atenas,

conquistando o conhecimento de nós mesmos. Quando mentimos, querendo enganar os outros, somos hipócritas — túmulos caiados de branco por fora e cheios de podridão por dentro, dizia Jesus — aparentamos uma realidade e escondemos nossas vontades e desejos — nossas verdades. Oprimidos por conceitos represados e falsos, vivemos presos a uma roda que gira sempre sob si mesma. Não anda, não progride, porque ocupa o tempo em ocultar, em silenciar. Fixa-se na preocupação de manter-se caiado por fora, vive o exterior, enquanto o interior se deteriora, rui e apodrece. E, filho meu, a verdade é o oposto, ela não agride ninguém, senão aqueles que desejam criar dependentes à sua volta. Quando vivemos a verdade, nossa verdade, de forma responsável e digna perante Deus, somos livres e estamos progredindo, mesmo quando essa verdade é recheada de problemas e conflitos. O fato de aceitá-los é o primeiro passo para a transformação. Eu só educo um mau hábito quando o reconheço; quando não o compreendo como minha verdade, ele permanece agindo inconscientemente, determinando condutas. Então não somos livres, somos condicionados a uma força desconhecida porque nós mesmos a queremos omitir, quase sempre a fim de manter apenas o aspecto de bem caiados.[64]

REPENSANDO

Analisamos os capítulos X e XI de *O Evangelho Segundo o Espiritismo* com o propósito de fazermos uma abordagem global da lei de amor e para que pudéssemos compreendê-la em suas diversas manifestações na trajetória evolutiva.

Para tanto, é fundamental que não percamos de vista a compreensão da importância do amor a Deus e suas manifestações; a compreensão do amor a si mesmo, entendendo o egoísmo como parte integrante e imprescindível do processo de evolução; e a vital importância de desenvolvermos nossa autoestima e um amor saudável e construtivo; a compreensão do amor ao próximo, sob o ponto de vista de que integramos a natureza; e a compreensão do sentido de que amar a um próximo difícil é um exercício possível, mas diferente de amar um afim.

Anote suas conclusões, discordâncias e concordâncias em relação ao tema analisado.

---

64 - VARGAS, Ana Cristina. [Ditado pelo espírito José Antônio] *O bispo: Amor e sexualidade face a face*. 2ª ed. São Paulo : Editora Vida & Consciência, 2014, pp. 172-173.

Avalie a leitura e a si mesmo nas relações de amor propostas para estudo neste capítulo.

Capítulo 5
A caridade e suas aplicações

Tende cuidado em não praticar as boas obras diante dos homens, para serem vistas, pois, do contrário, não recebereis recompensa de vosso Pai que está nos céus. Assim, quando derdes esmola, não façais tocar a trombeta diante de vós, como fazem os hipócritas nas sinagogas e nas ruas, para serem louvados pelos homens. Digo-vos, em verdade, que eles já receberam sua recompensa. Quando derdes esmola, não saiba a vossa mão esquerda o que faz a vossa mão direita; a fim de que a esmola fique em segredo, e vosso Pai, que vê o que se passa em segredo, vos recompensará.[65]

65 - Mt 6:1-4.

CARIDADE SOCIAL, BENEMERÊNCIA, FILANTROPIA

Ao iniciarmos a abordagem deste tema, cabe lembrar o conceito de caridade ensinado por Paulo de Tarso, que a definiu como o amor, justamente o assunto abordado no capítulo anterior.

O comportamento caridoso é naturalmente um comportamento amoroso, mas tal qual se dá com o amor, que se manifesta da inconsciência à consciência, a caridade também tem inúmeras formas de manifestar-se em nossa conduta como legítima expressão do amor.

Temos duas grandes formas de expressão da caridade: a moral ou espiritual e a caridade material.

Em relação à primeira, vale lembrar que as necessidades da alma independem da condição social ou econômica, tanto do benfeitor quanto do necessitado.

Inúmeras ocasiões se apresentam em que um miserável acode e socorre um rico com palavras, carinho, bons sentimentos e até com suas preces, em um momento em que a alma do último necessita desses bens.

Assim como também o rico faz mais e melhor ao dar além dos bens materiais, bens imperecíveis ao miserável como o trabalho, a dignidade, o respeito e a amizade fraterna, ouvindo-o e ajudando-o como a um igual em humanidade, sem as barreiras das classes sociais.

A caridade espiritual está ao alcance de todos aqueles que tenham sentimentos mais depurados, que tenham despertado minimamente para a grande realidade de que não está sozinho neste mundo e nem é o centro do universo, e que, independente de condição econômica, encontrarão as possibilidades de ajudar e amar aqueles que os cercam.

A caridade material, no entanto, nos exige alguns cuidados maiores em sua análise e prática. Quando dizemos isso, muitas pessoas ficam surpresas, pois pensam que é justamente o contrário, que a caridade espiritual é a mais difícil de realizar.

Porém, como vimos, não o é. Ela está ao alcance de qualquer um e, em geral, basta um mínimo de sensibilidade emocional para realizá-la, enquanto a caridade material nos exige cuidados bem maiores.

Em primeiro lugar vem a análise das intenções. Há pessoas que se envolvem em campanhas e instituições de caridade com o único propósito de serem vistas, de aparecerem na imprensa, serem consideradas socialmente "pessoas boas, benemerentes, filantropas". Essas pessoas estão sendo compensadas.

Suas ações são motivadas por vaidade. Essas pessoas não fariam nada na obscuridade, sem propaganda. Houve uma troca de serviços, não ocorreu doação de nada.

Outros, por sua vez, praticam ações de doação apenas como forma de lidar com a consciência culpada, encontrando nessas instituições ou nas doações que fazem um mecanismo de liberação.

Apesar de ser uma situação ilusória, elas encontram nessas ações um relativo bem-estar. Novamente houve uma compensação, não uma doação.

Há ainda aqueles que só são caridosos com aqueles que participam da mesma congregação, da mesma religião, do mesmo time de futebol, do mesmo centro espírita, com os que são da família. Beneficiam seus iguais, que tenham plenas condições de retribuir, e agem esperando essa retribuição. E ocorrendo a necessidade e não encontrando o retorno esperado, magoam-se, melindram-se e dizem: "Justo comigo que fiz tanto, que me doei tanto, que estava sempre ali disposto a ajudar e a servir em tudo, pois vejam que quando foi a minha vez ninguém apareceu". Também aqui não há doação.

Finalmente, há aqueles que dão as chamadas esmolas (e não estamos apenas falando daqueles que dão moedas a um mendigo na calçada, mas também daqueles que fazem doações a instituições simplesmente para não terem de se incomodar em atender a alguém.

Essas pessoas não vão nunca ver o que é feito da doação, conhecer os beneficiados, pois querem mesmo manter a distância) e em relação a esses indivíduos, há o que se poderia chamar de uma caridade inconsciente, fruto de um sentimento de amor possível no mesmo estágio evolutivo.

Não esperam nada, mas também não têm um interesse mais vivo e real pelo assistido.

E há aqueles que, como dizem, "cumprimentam com o chapéu do outro", fazendo caridades? Quem são? Aqueles que simplesmente recebem bens e os repassam, que pedem aos outros aquilo de que necessitam para fazer "o bem", mas não dão nada do que é seu.

É o caso, por exemplo, de um grupo pobre propor-se a doar ranchos no Natal e querer atender a cem famílias. Como fazem então? Vão pedir aos outros fora do grupo, vão para a porta do supermercado recolher doações da comunidade e depois alardear que o grupo tal "doou" tantos ranchos.

Doou mesmo? Ou simplesmente repassou as doações, mas quem fez a caridade foram os anônimos fregueses do estabelecimento. Eu penso que foram os últimos.

Já enumeramos uma série de fatores a serem discutidos quando se pensa em caridade material e só analisamos a figura de quem se propõe a dar. Ainda não pensamos naquele que recebe e como recebe, porque receber pode ser mais difícil do que dar.

Mas antes disso, cabe recordar alguns princípios postos no Evangelho por Kardec, embasado nos ensinos da espiritualidade superior a serem observados na prática da caridade verdadeira, a saber:

1. Fazer o bem sem ostentação;
2. Fazer o bem, porque agindo assim a pessoa se realiza intimamente;
3. Fazer o bem conforme as próprias condições, aceitando e submetendo-se aos limites do que pode fazer com seus recursos pessoais;
4. Não esperar qualquer forma de retribuição, material ou moral;
5. Praticar a caridade com todas as pessoas independente de classe social, atendendo-as conforme suas necessidades específicas, com os respectivos cuidados psicológicos para não ferir nem humilhar o assistido.

Vivemos em um país de terceiro mundo, que abriga uma grande população marginalizada e miserável. Convivemos com a miséria em nossas ruas, a bater nas lixeiras em frente às nossas residências em busca de alimento e de algum recurso financeiro oriundo da venda de lixo reciclável, catado antes dos serviços públicos de limpeza.

Essas pessoas vivem nos arrabaldes das cidades, em terrenos pantanosos ou alagadiços, dos quais se apossam e sobre os quais constroem abrigos (quem já entrou em algum desses locais sabe que não se pode falar de casa, muito menos de residência) para protegerem-se das intempéries, cozinham em latas ou panelas velhas sobre fogareiros ou nos chamados fogos de chão, dormem amontoados, vestem-se mal e inadequadamente no inverno nas regiões frias, são desnutridos, doentes.

Muitos são analfabetos ou têm uma instrução precária, muitos não têm documentos nem mesmo certidão de nascimento.

Precipitadamente, essas pessoas são chamadas de malandros, vagabundos, e é dito sobre elas que não melhoram de vida porque não se esforçam, que vivem nessas condições miseráveis e em geral se enchem de filhos porque querem, pois escolhem passar os dias dormindo ou bebendo.

Não podemos dizer que realmente não existam casos assim, mas também não podemos aceitar generalizações.

É preciso conhecer para ajudar com eficiência e, mais que isso, é preciso também cativar e valorizar esses seres humanos marginalizados. Será que empurrar um carrinho de coleta de lixo cheio e percorrer ruas e avenidas de grandes cidades em meio ao trânsito e à incompreensão não seja um trabalho? Ou que vasculhar os lixões catando o material reciclável sob sol ou chuva não seja também um trabalho?

Em *O Livro dos Espíritos*, Kardec diz que "trabalho é toda ocupação útil". Essas pessoas prestam um serviço útil, contribuindo para diminuir a poluição do planeta. Trabalham em locais imundos, onde podem se contaminar com germes de todo tipo e são extremamente mal remunerados e marginalizados.

É lógico que não ganham o suficiente para sobreviver com dignidade vendendo esses materiais por menos de R$ 0,05 (cinco centavos) o quilo. Calcule, então, que é preciso coletar 20 quilos de material reciclável para ganhar R$ 1,00 e 200 quilos para ganhar R$ 10,00.

Eles têm muitos filhos e são analfabetos, e como seriam diferentes? Falta-lhes conhecimento, por isso carecem das noções e condições mínimas de higiene.

Não é possível condenar alguém que viva esse contexto quando se conhece de perto essa realidade.

Eles são, muitas vezes, rudes e agressivos, por isso é necessário cativá-los. E isso se faz considerando-os seres humanos, com direito à autoestima, a respeito, a gosto pessoal, e respeitando e entendendo suas necessidades e a cultura que desenvolvem nessas zonas miseráveis.

É frequente ouvirmos pessoas dispostas a fazer o bem dizerem que simplesmente cansaram, pois essas criaturas não aprendem nem valorizam o que recebem. Um exemplo típico: pessoas que foram fazer uma visita a esses necessitados e encontraram as boas roupas e os sapatos que lhes haviam dado jogadas ao chão com cachorros deitados em cima e seus casebres amontoados de coisas que ganhavam.

Tenho uma pergunta a lhe fazer e espero que responda com sinceridade. Você já ganhou um presente do qual não gostou, que não lhe serviu ou não lhe era útil? O que você fez com ele?

Ao fazermos doações de nossas roupas e nossos utensílios, é bom saber a quem estamos dando tais objetos e se serão úteis a essa pessoa, se servem aos propósitos do beneficiado, pois, se não for uma resposta positiva, tenha a certeza de que ele agirá como você.

Alguns exemplos simples: sapatos de salto ou sociais, camisas brancas, roupas sociais, delicadas ou finas, em geral, por melhor estado em que se encontrem são inúteis.

Em vez de doá-los diretamente a essas populações, venda-os em algum comércio de bens usados e doe o dinheiro ou converta-o em alimentos, pois assim serão mais úteis.

Essas pessoas não podem usar essas roupas nos ambientes em que vivem e que trabalham. Além disso, não têm dinheiro para comprar sabão em pó nem ferro de passar para poder conservá-las.

Se você doa essas peças de vestuário, saiba que serão inúteis e acabarão realmente como pano de chão. Não se ofenda. Trata-se apenas da cultura e do meio da miséria. Não é simplesmente porque damos algo material que estamos ajudando.

Além disso, há também o gosto da pessoa. Não é por que ela vive marginalizada que não tem gosto pessoal e sonhos.

Algumas pessoas, ao doarem roupas de bebê a mães carentes, entregam o enxoval fechado em uma sacola de plástico, sem ao menos perguntar se aquela mulher gostaria de escolher alguma coisa para o seu bebê. Acham que por estarem doando as peças a outra, ela tem que aceitar o enxoval e dar-se por contente.

Não é assim. Ela tem sentimentos e sonhos e certamente gostaria de escolher as roupas do filho.

Coloque as regras de funcionamento e respeite a cultura e as necessidades do atendido. Tanto quanto for possível, promova a venda das peças a preços simbólicos, deixando-os escolher e comprar o que desejarem. Isso faz com que se sintam valorizados e não humilhados. Acredite: eles comprarão apenas o que necessitam, ainda que o preço seja R$ 0,01 a peça.

A melhor de todas as caridades materiais não é dar a comida ou a roupa, é promover o conhecimento e a capacitação para o trabalho, que farão de seus assistidos de agora os benfeitores de amanhã.

O processo educacional e de ajuda é válido quando efetivamente liberta o indivíduo, tornando-o independente da fonte em que se gerou. Siga alguns passos de boa lógica no atendimento aos necessitados:

1. Atenda às necessidades básicas de fome e agasalho;
2. Converse com eles, informe-se das condições em que vivem, cative-lhes a amizade;
3. Não precisamos colocar nos ombros a tarefa de acabar com a miséria da cidade, mas podemos auxiliar algumas pessoas. Tracemos, então, um projeto de trabalho e acompanhamento visando ajudá-los a crescer e informe-os de seu propósito;
4. Promova o conhecimento conforme as condições de assimilação dos beneficiados. Lembre-se de que uma luz muito forte ofusca e não ilumina;
5. Incentive-os a buscar a cidadania. Informe-se sobre programas de regularização de documentos, alfabetização e cursos profissionalizantes; se a pessoa participa de alguma instituição, integre-se nesses programas, ainda que eles pertençam a instituições de outro caráter religioso, que sejam civis ou governamentais.

Resumindo: caridade material não é simplesmente dar; é algo que exige muito mais. Exige também o preparo para lidar com carências muito grandes e profundas.

Muitas pessoas esbarram na própria vaidade de querer ser o salvador da pátria, propondo-se a socorrer a tudo e a todos, longe de um programa integrado de atendimento e esquecidos de que reconhecer os próprios limites e possibilidades é fundamental ao êxito de qualquer trabalho.

Esses princípios podem ser usados por grupos ou por pessoas individualmente. Conheço o exemplo de uma senhora que auxiliou uma família composta por mãe viúva e quatro filhos menores.

Essa mãe assistida era diarista e o que ganhava era insuficiente para o sustento da família e para as despesas de aluguel.

Essa senhora, então, a ajudava doando uma cesta básica por mês diretamente à família, assistia-os com doações eventuais de roupas, e, no início do ano letivo, ofertava às crianças o material escolar, entretanto exigia que todos estudassem e lhe apresentassem os boletins todos os bimestres.

Ao cabo de alguns anos, eles mesmos vieram agradecer a essa senhora a ajuda e dizer-lhe que já não era mais necessária, pois haviam crescido e tinham conseguido empregos com os quais podiam manter as despesas da família, sem necessitar mais de auxílio.

Sugerimos que você leia o item 4, do capítulo XIII de *O Evangelho Segundo o Espiritismo,* na íntegra e depois analise as partes que transcrevemos, aliando as colocações acima e anotando suas conclusões:

Nas grandes calamidades, a caridade se emociona e observam-se impulsos generosos, no sentido de reparar os desastres. No entanto, a par desses desastres gerais, há milhares de desastres particulares, que passam despercebidos: os do que jazem sobre um grabato sem se queixarem. Esses infortúnios discretos e ocultos são os que a verdadeira generosidade sabe descobrir, sem esperar que peçam assistência.[66]

"[...] Não lhes pergunta qual a crença que professam, nem quais suas opiniões[...]."[67]

66 - KARDEC. Op. Cit., p.179.
67 - Ibidem.

"[...] Por que tão singelo traje? [...]."[68] Qual é o cuidado psicológico posto neste ensino?

"[...] Por que se faz acompanhar da filha? [...]."[69] Qual é a melhor maneira de ensinar algo para alguém?

"[...] Que podes dar, minha filha, quando nada tens de teu? [...]."[70]

68 - KARDEC. Op. Cit., p. 180.
69 - Ibidem.
70 - Ibidem.

CARIDADE NA FAMÍLIA

Todos os preceitos gerais que elencamos em relação à caridade na sociedade e à lei de amor ao próximo são aplicáveis também às relações familiares e à conduta caridosa que devemos buscar desenvolver.

Nos limites estreitos do lar e dos relacionamentos familiares é que nossos caracteres se manifestam verdadeiramente. É possível enganar aqueles que convivem algumas horas conosco nos grupos sociais a que pertencemos, mas no lar isso não ocorre. É lá onde desabrocham nossas verdades.

Nenhum próximo difícil é mais difícil do que aquele que convive conosco entre as paredes de nossa casa. Aceitá-lo, amá-lo e ajudá-lo a crescer é um grande exercício de caridade moral e material.

No dia a dia, em contato com as dificuldades, vamos conhecendo nossas dualidades e travando a luta pela superação, a fim de que triunfe a conduta caridosa.

Sabemos que nossas famílias nem sempre são formadas apenas por afinidade amorosa; são formadas também por nossas afinidades impuras e inconscientes, que nos reúnem numa mesma oportunidade de aprendizagem.

Nesses casos, o amor é frágil e nem sempre existe. Esses grupos, então, acabam se desintegrando totalmente ou vivendo em constante conflito.

Na matéria, nós temos a família consanguínea, com a qual nem sempre guardamos afinidade, e a nossa família afim (composta tanto por encarnados como por desencarnados), que são aqueles entre os quais nos sentimos bem e que necessariamente não estão ligados ao nosso grupo consanguíneo. Libertos da matéria, possuiremos apenas a família dos afins.

Enquanto encarnados, sejamos afins ou não, cabe a nós especialmente buscar cumprir o mandamento de amor ao próximo para com os nossos pais, acrescido dos deveres da piedade filial.

Assistir à velhice de nossos genitores não só com recursos materiais, mas com os recursos do afeto e do carinho é uma manifestação de amor e caridade na família.

Chama a atenção a anotação de Kardec no item 3, do capítulo XIV de *O Evangelho Segundo o Espiritismo*, no qual ele diz que: "[...] os filhos não devem a seus pais pobres só o estritamente necessário, devem-lhes também, na medida do que puderem, os pequenos nadas supérfluos, as solicitudes, os cuidados amáveis[...]"[71].

Como você convive com a velhice de seus pais ou avós?

---

71 - KARDEC. Op. Cit., p. 198.

O Espiritismo tem por divisa o lema "Fora da caridade não há salvação", lembrando-nos de que somente quando desenvolvermos os potenciais do amor, manifestando-o em um comportamento caridoso e compreensivo de nossas próprias necessidades e também despertando a capacidade de nos colocarmos no lugar do outro, fazendo a ele o que gostaríamos que nos fosse feito em situação semelhante, conseguiremos a salvação.

E de que salvação estamos falando? Só pode ser a do desabrochar do ser consciente, libertando-nos da inconsciência da vida, que gera tantos desequilíbrios, inclusive sociais, respondendo por agressões e inseguranças de todo o gênero. Afinal, é sempre bom lembrarmos que o mal é apenas a ausência do bem.

Com essa máxima, Kardec nos põe ao abrigo do perigoso espírito de seita, de sectarismo e de arrogância de nos considerarmos eleitos e donos da verdade.

GRATIDÃO: A VIDA COMO UMA DÁDIVA DE DEUS

[...] Qual é a coisa que se recebe sem agradecer, que se desfruta sem saber como, que damos aos outros quando não sabemos onde é que estamos, e que perdemos sem o perceber?
R. A vida.[72]

Ao se falar em caridade, ressaltamos sempre o comportamento de quem a pratica ou que a ela deseja se incorporar e enfatizamos muito a necessidade de não se esperar nada em troca, agindo movido por um amor ao bem e livre de expectativas, mas é preciso fazer aqui um esclarecimento quanto ao sentimento da gratidão. Talvez mesmo resgatá-lo, não como recompensa de atos caridosos, mas como sentimento necessário a todo ser criado.

A gratidão margeia todas as discussões em torno de caridade, entretanto é pouco abordada, senão se resumindo à regra geral, aos alertas que também expressamos anteriormente. Entretanto, é preciso pensar mais sobre esse sentimento/dever.

Em um estudo feito há alguns anos, a psicóloga Shula Sommers constatou que os homens americanos, em particular, consideram a gratidão uma

---

72 - VOLTAIRE. "*Os enigmas*". Em *Zadig* ou o *Destino: Uma História Oriental*. Item 19, p. 119. Disponível em http://www.ebooksbrasil.org/adobeebook/zadig.pdf. Acesso em 23 ago. 2015.

emoção extremamente incômoda e humilhante, pior até que o medo. Acreditamos que um estudo feito entre nós não mostraria resultados diferentes.

Isso nos remete de volta à análise de nossas dualidades. Por que é tão difícil ser grato? Então receber é de fato mais difícil do que dar?

A resposta ainda é sim. Sermos gratos implica em um reconhecimento de nossas necessidades, que muitas vezes encontram sérias barreiras em nosso orgulho, em nossa vaidade, em nossos preconceitos, e em nossa falta de ligação com a essência amorosa que carregamos no íntimo.

Você alguma vez já fez algo semelhante ao que fazia Francisco de Assis, ou teve um décimo dos sentimentos que ele expressava ao orar dizendo: "Obrigado pelo irmão sol, obrigado pela irmã lua". Você já se lembrou de agradecer a Deus por tê-lo criado e por sua vida?

Quase sempre nós nos comportamos como crianças pequenas. Pedimos incansavelmente o que desejamos, mas não nos lembramos de agradecer, de sentir e aprofundar em nós mesmos a gratidão por tudo que nos cerca, até mesmo pelas chamadas "coisas ruins", que não gostaríamos que nos acontecessem, mas que são as lições da vida, nossas mestras, e que, passando por elas, nos tornaremos melhores, pois nos humanizam, nos tornam mais sábios, mais experientes, mais fortes.

O exercício da gratidão liga-se a emoções de bem-estar. A gratidão não implica esperar tudo dos outros ou dever toda a nossa felicidade a eles; apenas mostra que estamos conscientes do que devemos a essas pessoas.

Infelizmente, a gratidão é um sentimento ainda pouco apreciado. E não estamos falando apenas daquela gratidão por esse ou aquele favor prestado, mas pela própria vida, que, em última análise, é o maior ato de amor, expressão da caridade do Pai, e doação incondicional que podemos ter como exemplo. Ele não nos pediu nada e nos deu a liberdade de agir como quisermos, com o bem a nós confiado. Apenas temos o plano divino de nossa evolução, no qual nos movemos em estados diferentes de consciência.

Nós somos beneficiários de um universo benigno. Isso deveria impor gratidão, ainda que ela não tenha por objeto alguém ou algo em particular.

Limitamos esse sentimento maior para com o Criador, de quem nos lembramos de agradecer só pelo que de "mal" poderia ter acontecido, mas que não aconteceu.

A gratidão deve-se também às chamadas "coisas ruins", porque só podemos avaliar um acontecimento por suas consequências. Ou seja, se sabemos que do mal forçosamente nasce o bem em toda natureza, por que não podemos ser gratos?

A gratidão é a melhor abordagem que temos para com a vida. Ela reflete nossa compreensão, nosso amor, nossa aceitação e nossa resignação conscientes e liberta-nos do desespero e da ideia de abandono, que muitos manifestam nas horas difíceis de dor e sofrimento.

É estranho e lamentável que subestimemos as bênçãos da vida para depois nos sentirmos especialmente ofendidos ante as coisas ruins, como se não pudéssemos de maneira alguma merecê-las.

É preciso reconhecer apropriadamente a tragédia e o sentido trágico da vida e não brandir o punho para Deus e o Universo em desprezo e desafio, mas sim lembrar o exemplo de tantos espíritos evoluídos, que viveram antes de nós, e de alguns anônimos, que vivem ignorados ao nosso lado (porque também temos a mania de crer que só os santos se iluminaram e muitas vezes julgamos socialmente muito abaixo de nossas condições criaturas que são espíritos iluminados acompanhando nossos passos), e agradecer pela vida.

A gratidão é um sinal de uma alma nobre, ensinava Esopo, na velha Grécia ainda muito tempo antes de Sócrates.

PARA PENSAR

"Ela (a gratidão) se alegra com o que deve, quando o amor próprio preferiria esquecê-lo."

(André Comte-Sponville)

REPENSANDO

Terminamos a análise das principais ideias contidas nos capítulos XIII, XIV e XV de *O Evangelho Segundo o Espiritismo*, cujo assunto predominante é a caridade, entendida como manifestação direta do amor.

Entre essas manifestações, surgem temas palpitantes, que precisamos discutir para juntos ampliarmos a compreensão em torno deles. E então busquemos:

a) distinguir a caridade moral da material;
b) debater as intenções que movem o ato caridoso;
c) expor os cuidados maiores que a prática da caridade material exige;
d) analisar a prática da caridade na família;
e) pensar sobre o sentimento de gratidão.

Nas próximas semanas, anote acontecimentos (pequenos e/ou grandes) que lhe inspirem reconhecimento a alguém e observe que emoções esse reconhecimento lhe traz.

Precisamos analisar e avaliar tudo e reter conosco o que é bom e útil. Este estudo fez você repensar em alguma de suas condutas? Quais e por quê?

Capítulo 6
Mamom

Desejo, outrossim, que você tenha dinheiro, porque é preciso ser prático. E que pelo menos uma vez por ano coloque um pouco dele na sua frente e diga: "isso é meu", só para que fique bem claro quem é o dono de quem.

(Victor Hugo)

FALANDO SOBRE DINHEIRO

Vamos fazer um antes e depois? Tipo aqueles que aparecem em programas de televisão mostrando mudanças de visual, para ver nossa mudança de ideias. Você aceita?

Não leia, então, nenhuma linha além desta página e responda com sinceridade às questões formuladas. Se você não tiver respostas para alguma das perguntas, escreva: "Nunca pensei nisso antes".

O que você faria, considerando as lições que já estudamos, se lhe chegasse às mãos uma fortuna inesperada, que o tornasse alguém muito rico do dia para a noite? Como você empregaria esse dinheiro?

____

____

____

____

____

Quais são as suas propriedades?

____

____

____

____

____

Como você ensina às crianças a relacionarem-se com os bens materiais?

O dinheiro é puro ou impuro? Por quê?

Como você vê e se relaciona com o trabalho?

Certamente, você já ouviu a música "Pecado Capital", composição de Paulinho da Viola. O que pensa sobre os versos abaixo?

Dinheiro na mão é vendaval
É vendaval
Na vida de um sonhador
De um sonhador
Quanta gente aí se engana
E cai da cama
Com toda a ilusão que sonhou
E a grandeza se desfaz
Quando a solidão é mais
Alguém já falou.
Mas é preciso viver
E viver não é brincadeira não
Quando o jeito é se virar
Cada um trata de si
Irmão desconhece irmão
E aí dinheiro na mão é vendaval
Dinheiro na mão é solução
E solidão

____

____

____

____

____

Ingressaremos numa etapa intermediária do nosso antes e depois, em que vamos tentar transformar e/ou salientar nossas próprias belezas, que, neste caso, são as conquistas morais/intelectuais que temos. Guarde suas respostas e leia com atenção.

Grife o que lhe chamar a atenção, para que possa reler e analisar novamente quando terminar a leitura.

MAMOM E A RIQUEZA

Ninguém pode servir a dois senhores; porque ou há de odiar um e amar ao outro, ou se dedicará a um e desprezará o outro. Não podeis servir a Deus e a Mamom.[73]

Mamom é o demônio da avareza, das riquezas e iniquidades. Diz a mitologia[74] que foi ele quem ensinou os homens a cavar a terra à procura de tesouros ocultos. Seu nome vem do aramaico e significa "riqueza".

Não compreender e não ensinar quem é Mamom fez muitas crenças interpretarem esse ensinamento de Jesus como uma condenação, uma abominação aos bens materiais, ao dinheiro, como algo indigno, que levaria o homem à perdição de sua alma.

Alguns foram e vão ainda mais longe dizendo que a riqueza é um impedimento ao ingresso no reino dos Céus e fazem da relação humana com o dinheiro um tabu.

---

73 - Mt 6:24.
74 - Mitologia síria e fenícia.

Transformaram a riqueza em algo cercado de preconceitos, a ponto de que mencionar a palavra dinheiro ou fazer referência à necessidade de bens materiais torna impuros "locais, cerimônias ou reuniões sagradas".

Somos seres cheios de contrastes e dicotomias, e o sagrado e o profano é mais uma de nossas dicotomias. Não entendemos que se tudo vem de uma mesma fonte, de um mesmo Criador, que se essa fonte é boa, amorosa, justa e sábia, tudo o que dela provém conterá as mesmas características. Resumindo: tudo é sagrado nesta vida, neste mundo.

Mamom representa no ensinamento de Jesus o apego aos bens terrenos, a avareza. Ele condena essa relação não por ser impura, abjeta, ou contrária à evolução espiritual, mas sim por que a avareza mostra uma relação viciada com os bens da Terra, na qual o ser humano não está na condição de senhor que lhe cabe conquistar e, sim, submetido, escravizado, a uma ilusão que é a posse de bens terrenos, essencialmente transitórios.

Tanto a riqueza quanto a miséria são escolas que necessitamos cursar para nossa evolução espiritual. Elas têm diferentes lições e diferentes exigências para seus aprendizes.

É comum considerar a prova da miséria a mais difícil de ser suportada. Sem dúvida, ela é dolorosa, mas considero a prova da riqueza tão ou mais difícil. Por excelência, é uma prova moral, pois quem detém posses, recursos materiais neste mundo, não tem as limitações naturais impostas pela carência desses recursos. Esse indivíduo não encontra outros freios que não os pessoais, nem barreiras, nem lutas materiais que o ajudem na supressão das mazelas de seu espírito.

Enquanto todos se apiedam dos pobres e desvalidos e campanhas são realizadas para auxiliá-los em suas dores e para promover seu crescimento, aos ricos apontam-se dedos e não se poupam críticas em suas faltas. Parece que eles não são necessitados de caridade — e esta não é a material, mas a caridade de um relacionamento de sincero interesse pela pessoa humana, independente de seus bens. É uma prova moral solitária.

A posse da riqueza material testa o caráter da pessoa que a detém em sua integralidade. Por ser solitário, o indivíduo tem apenas a si mesmo, suas convicções e suas crenças, para gerir o patrimônio que está em seu poder.

Aprender que na miséria ou na riqueza podemos ser avarentos redimensiona conceitos de abnegação e desapego. Podemos ser avarentos, mesquinhos, em nossos prazeres, em nossos relacionamentos, em nosso modo de pensar e sentir.

A avareza tem parentesco próximo com o egoísmo, com estágios muito iniciais de evolução.

E podemos ser também, em ambas as escolas, abnegados, desprendidos, e demonstrar uma forma de amar mais madura, o que torna válida a frase que rola pelas estradas em para-choques de caminhão em diferentes versões: "Ninguém é tão rico que não precise de nada, nem tão pobre que não tenha nada a dar".

Os bens terrenos não são puros ou impuros; eles simplesmente são o que Deus fez deles. Nós é que, por meio de nossas construções culturais, atribuímos valores a esses bens como sendo bons ou ruins, caro ou barato etc.

O abuso de qualquer coisa a torna perniciosa, porque nos mostra a supremacia dela sobre a nossa vontade, desnudando nosso caráter frágil e apontando para nós a necessidade de autocorreção nessa relação, para conduzi-la em parâmetros de equilíbrio.

Cabe ao homem extrair o bem de todas as coisas. Aquele que abusa da riqueza evidencia sua queda na prova moral, seu caráter avaro e escravizado.

A riqueza pode não ser, neste caso, um elemento direto de progresso moral, mas sem dúvida pode ser um precioso elemento de progresso intelectual, pois o homem também tem como missão trabalhar pelo aprimoramento material do planeta, desbravá-lo, saneá-lo, prevenir catástrofes naturais, melhorar as plantações, o comércio e as comunicações.

Para realizar esses trabalhos, que refletem a obra de evolução do engenho humano através dos séculos, precisamos de recursos e, para isso, o homem retirou materiais das entranhas da terra.

Nossas necessidades nos fizeram descobrir o conceito de riqueza, assim como nos levaram a descobrir e desenvolver a ciência.

Essas atividades, esses trabalhos, como qualquer trabalho, como a criança que se lambuza nas tintas ou molda a argila com as mãos, aumentam e desenvolvem a inteligência, que ele concentrará primeiramente na satisfação das necessidades materiais e que será a mesma que o ajudará mais tarde a compreender as grandes verdades morais.

A riqueza é o primeiro meio de execução. Quanto mais se tem, mais se pode fazer. A escolha do que e como fazer é decorrência do livre-arbítrio e será condicionada ao nosso grau de compreensão da vida.

O certo, no entanto, é que ela é inegavelmente um elemento de progresso.

Não são os países ricos aqueles que possuem as melhores universidades, os melhores laboratórios, os maiores avanços das ciências? E isso pela razão lógica de que lá eles possuem melhores meios de desenvolver e ampliar inteligências.

De acordo com o interior é o exterior. A desigualdade das riquezas também responde a essa lei e sem entender as leis universais é em vão buscar respostas para esse fato.

Por que todos os homens não são igualmente ricos? A resposta é simples: nenhum de nós é igual ao outro.

Ao longo de nossas encarnações, nossas escolhas nos levaram a trilhar caminhos diferentes e a fazer nossas próprias aquisições morais.

Assim, há aqueles mais laboriosos, mais inteligentes, mais corajosos, mais perseverantes, mais moderados e previdentes para conservar as riquezas que lhes chegam às mãos.

Por essas diversidades de caráter, compreendemos por que muitos programas sociais naufragam.

Por exemplo, é comum realizarem projetos de urbanização e melhorias em zonas de posseiros e, passados alguns meses, aquela população já ter sido substituída, já terem sido vendidos os lotes e outro ciclo idêntico ter sido iniciado. Não houve mudança interior.

Há ricos e pobres, porque cada um deve trabalhar a seu turno um ou mais fatores de sua evolução.

Dessa forma, a pobreza é para uns a prova da resignação e da paciência, enquanto a riqueza é para outros a prova moral, o teste da caridade e da abnegação em suas conquistas evolutivas.

O que nos leva a concluir que, de fato, não possuímos senão aquilo que integra nosso patrimônio intelectual, emocional e psicológico e que todo restante fica com o corpo abandonado pelo espírito.

Possuímos de fato tudo que é de uso da alma: a inteligência, os sentimentos, as qualidades morais. Tudo isso é nosso e nos acompanha ao chegarmos e sairmos desse mundo material.

De acordo com esse patrimônio real será a nossa posição na vida futura. Os privilégios que a fortuna nos permite gozar na matéria cessam no plano espiritual se não tiverem correspondentes valores morais, única moeda de troca no outro lado da vida.

Estamos falando dos bens legitimamente adquiridos e o conceito espírita ultrapassa em muito o mero conceito legal. Exige a conformidade absoluta da consciência com a lei de amor ao próximo, pois uma fortuna só é legítima quando adquirida honestamente, quando para possuí-la o indivíduo não fez mal a ninguém.

Em geral, acredita-se serem ilegítimas atitudes tais como roubo, usura, mas também há fortunas amontoadas à custa da exploração do trabalho alheio, da exploração de consumidores, ao falsificarem mercadorias etc.

Sabedores de que a posse da riqueza é uma prova tão ou mais difícil do que a da pobreza, qual seria o melhor emprego que a espiritualidade aponta para aquele que detenha capital em mãos?

Sem dúvidas, é a prática da caridade e da abnegação, mas isso não significa dar indiscriminadamente. Esbanjar não é sinônimo de desapego, nem de virtude, negligência e indiferença.

O desapego é saber apreciar o justo valor da fortuna, servir-se dela para os outros e não só para si, e não sacrificar os bens eternos da vida pelos transitórios.

Distribuir indiscriminadamente uma fortuna pode ser uma manifestação de egoísmo, porque equivale a se isentar da responsabilidade que ela faz pesar sobre os ombros de quem a possui.

É rejeitar a missão de torná-la útil ao progresso e ao desenvolvimento, é renunciar ao bem que se pode fazer administrando-a com sabedoria.

O óbolo da viúva, de quem enfrenta a prova moral da riqueza, é dar da sua inteligência, do seu tempo, dos seus valores morais para aqueles que ainda não os possuem.

É não repelir os queixosos com medo de ser enganado, mas dar de seu tempo, de sua inteligência, de sua capacidade pessoal para ir à fonte do mal.

É aliviar primeiro, informar-se em seguida, e ver se o trabalho, os conselhos e a afeição não são mais eficientes do que a mera esmola, a mera doação.

É espalhar ao redor de si o bem-estar, o amor a Deus, o amor ao trabalho e ao próximo, e os tesouros eternos da instrução.

Os deveres da beneficência são justos e legítimos, mas igualmente legítimos e meritórios são os deveres que consistem em prevenir a miséria.

Essa é a maior missão daquele que detém uma grande fortuna, pelos trabalhos (empregos) de todo o gênero que podem criar e fazer executar, e, ainda que com isso gere lucros, o bem não existe menos, pois o trabalho desenvolve a inteligência e realça a dignidade do homem, mostrando-lhe que é capaz de ganhar o pão que come, enquanto a esmola muitas vezes humilha e degrada.

A recomendação do espírito Fénelon é muito clara:

> A todos os que podem dar, pouco ou muito, direi, pois: dai esmola quando for preciso, mas, tanto quanto possível, convertei-a em salário, a fim de que aquele que a receba, não se envergonhe dela. – *Fénelon*. (Argel, 1860.)[75]

O mau emprego consiste em fazê-la servir apenas à satisfação pessoal. Por evidenciar o caráter do indivíduo e facilitar a exacerbação de todas as paixões é que a fortuna se torna uma prova difícil, na qual muitos naufragam insuflando o orgulho, a vaidade, o egoísmo, o autoritarismo e renegando cuidados com a família e a vida pessoal em favor do trabalho para acumular a avareza e tantos outros vícios de caráter.

---

75 - KARDEC. Op. Cit., p. 226.

Muitas pessoas renegam ao segundo plano seus filhos e sua família, dando primazia à vida profissional que gera riquezas, e ainda argumentam que agem assim pensando no futuro dos filhos, em dar-lhes o bom e o melhor, e em deixar-lhes até uma herança.

Na maioria dos casos, isso não passa de uma justificativa com a qual tentam apaziguar a própria consciência egoísta.

Entretanto, ainda que se admita que o móvel dessas ações seja o amor aos filhos, cabe perguntar-lhes se é motivo para se esquecerem de seus irmãos em humanidade.

Se ele tendo já além do necessário, tendo realmente o supérfluo, deixará seus filhos na miséria porque terão um pouco menos desse patrimônio?

Não é essa atitude o mesmo que lhes dar uma lição de egoísmo e endurecer-lhes os corações? Não é sufocar neles o amor ao próximo? Será surpresa se amanhã, quando os pais estiverem velhos, os filhos também os abandonarem a pretexto de acumular bens para herança dos seus? Será surpresa a criança relegada de hoje agir exatamente da mesma forma amanhã?

A resposta a essa questão dada pelo espírito Lacordaire é:

> [...] Pais e mães, laborais em grande erro, se credes que desse modo granjeais maior afeição dos vossos filhos.

> Ensinando-lhes a ser egoístas para com os outros, ensinais-lhes a sê-lo para com vós mesmos[...].[76]

Outro princípio reforçado no estudo do emprego das riquezas é o de que somente podemos e devemos fazer qualquer caridade desde que em conformidade com nossas condições, lembrando--nos de que

> [...] a um homem que muito haja trabalhado, e que com o suor de seu rosto acumulou bens, é comum ouvirdes dizer que, quando o dinheiro é ganho, melhor se lhe conhece o valor. Nada mais exato. Pois bem! Pratique a caridade, dentro das suas possibilidades, esse homem que declara conhecer todo o valor do dinheiro, e maior será o seu merecimento, do que daquele que, nascido na abundância, ignora as rudes fadigas do trabalho[...].[77]

Vamos à etapa do "depois". Você já leu e grifou as ideias que lhe chamaram atenção no texto, pensou sobre o que foi exposto?

Agora, diante do que você leu, responda às questões a seguir:

---

76 - KARDEC. Op. Cit., pp. 227-228.
77 - KARDEC. Op. Cit., p. 228.

O que você faria, considerando as lições que já estudamos, se lhe chegasse às mãos uma fortuna inesperada, que o tornasse alguém muito rico do dia para a noite? Como você empregaria esse dinheiro?

Quais são as suas propriedades?

Como você ensina à infância a relacionar-se com os bens materiais?

O dinheiro é puro ou impuro? Por quê?

Como vê e se relaciona com o trabalho?

Há relações entre dinheiro, ilusão e solidão? Quais?

PARA PENSAR

[...] Andei viajando um pouco; vi mortais muito abaixo de nós; vi muito superiores; mas não vi nenhum que não tivesse mais desejos do que reais necessidades, e mais necessidades do que satisfação[...].[78]

REPENSANDO

Fomos ao reino de Mamom, exposto no capítulo XVI de *O Evangelho Segundo o Espiritismo*, descobrir que:

A riqueza e a pobreza são escolas para o espírito humano, oferecendo cada uma lições específicas e exigindo capacidades diferentes de seus aprendizes;

A utilidade da riqueza é promover o progresso material e intelectual do indivíduo e do planeta;

O melhor emprego da riqueza é promover o trabalho e a instrução;

A melhor caridade material é aquela que transforma esmola em salário e dá ao homem dignidade e desenvolve suas capacidades pelo trabalho;

Nossos bens reais são os da alma, por serem eternos;

O dinheiro e todos os bens da Terra não são puros ou impuros, são neutros. As utilizações que deles fazemos é que lhes dão a qualificação;

---

78 - VOLTAIRE. "Conversação do habitante do Sírio com o de Saturno". Em *Micrômegas*. Disponível em http://www.ebooksbrasil.org/eLibris/micromegasN.html. Acesso em 23 ago. 2015.

Nossos atos em relação à posse e ao domínio dos bens materiais ensinam à infância lições nem sempre ditas com os lábios;

Conhecer o que realmente significa ser desapegado dos bens materiais é algo muito diferente de ser pródigo ou de esbanjar.

Compare as respostas da etapa do "depois" com as do "antes", avalie as mudanças e anote-as.

Capítulo 7
Convite à unidade

PERFEIÇÃO E PERFECCIONISMO

"Sede vós pois perfeitos, como é perfeito vosso Pai celestial que está nos céus."[79] Como você interpreta esse ensinamento de Jesus?

Os ensinamentos de Jesus nos dão uma visão muita ampla de Deus, da vida e das leis que a regem, do Universo e do mundo onde fomos chamados a viver.

No famoso discurso das "Bem-aventuranças", o Mestre nos fez compreender, enxergar e aceitar a dualidade de nosso caráter, por estarmos vivenciando um processo de amadurecimento emocional, no qual, figuradamente, deixamos a infância e adentramos a adolescência como seres imortais.

Ainda há confusão em nosso interior e não sabemos quem somos e o que queremos da vida.

É preciso fazer descobertas interiores e exteriores, por isso Jesus ensinava que felizes eram os que já humildes, os brandos, os misericordiosos, os que já amadureceram.

79 - Mt 5:48.

Jesus enumerou perfeições e insistiu na ideia de que estamos encarnados na Terra para conquistá-las dentro das possibilidades oferecidas por este globo.

Quando ele nos convidava a conquistarmos a perfeição, sabia que era uma perfeição relativa. A linguagem usada era forte, porque assim tinha de ser para ser entendida àquela época, mas é óbvio que é impossível atingirmos perfeição igual a Deus.

A condição de criatura aponta o caminho da perfeição relativa, modelo que nos esforçamos para alcançar. Portanto, tire da mente a ideia de perfeccionismo ao ler esse texto.

Perfeccionistas são pessoas que enfrentam desajustes e transtornos especialmente por não aceitarem nem em si, nem nos outros a condição de falibilidade, característica humana, natural de nosso processo de evolução.

Os perfeccionistas temem o fracasso a tal ponto que nunca encontram coragem para buscarem o sucesso, por isso protelam a realização das coisas e até mesmo as evitam completamente, numa fuga, por medo de serem malsucedidos.

Precisam ser impecáveis, livres de qualquer pecado, defeito ou erro, não admitem não saber, buscam controlar incessantemente a ordem exterior, vigiando comportamentos alheios como juízes da moral e dos costumes.

Com certeza, esse não era o comportamento incentivado por Jesus, muito menos uma forma de viver feliz. Fomos todos convocados à descoberta e ao amadurecimento das potencialidades superiores do espírito e para isso nos conduzem as leis universais.

A proposta é de aceitação e conhecimento integral do que somos e de onde estamos, para, a partir daí, começarmos nossa transformação interior.

Observe como Kardec definiu a questão ao falar sobre o Homem de Bem, ou aquele que luta para conquistar a unidade em si: "Estuda suas próprias imperfeições e trabalha incessantemente em combatê-las. Todos os esforços emprega para poder dizer, no dia seguinte, que alguma coisa traz em si de melhor do que na véspera"[80].

Note que não há pressa nem transformação milagrosa. Ele fala em estudo, trabalho, esforço e tempo para melhorar.

Mais adiante, no mesmo item, ele resume as virtudes da seguinte forma: "[...] o homem de bem respeita todos os direitos que aos seus semelhantes dão as Leis da Natureza, como quer que sejam respeitados os seus"[81].

Respeito às leis da Natureza e a reprise do mandamento de conduta ética: "fazer aos outros o que gostaria que fosse feito para si".

---

80 - KARDEC. Op. Cit., p. 233.
81 - Ibid. p. 234.

Seguindo, coerentemente, esses princípios, o codificador enunciou que se reconhece "[...] o verdadeiro espírita pela sua transformação moral e pelos esforços que emprega para domar suas inclinações más[...]"[82].

Novamente, temos em nosso caminho as palavras transformação e esforço para conhecer e superar a dualidade e conquistar um comportamento íntegro (de inteiro, não dividido), com a supremacia para o desenvolvimento de nossas potencialidades, de nossas virtudes ou, no dizer de Jesus, das perfeições do Ser.

Nesse percurso, contamos com alguns aliados, a saber: o dever, a virtude e a naturalidade no viver.

O DEVER

O homem é o único entre todos os animais capaz de contrariar seus desejos imediatos e sentir essa indefinível vivência do arrependimento, quando procede desobedecendo ao seu dever.

Esse é um sentimento sem raiz biológica, mas possui energia suficiente para vencer qualquer outro, por mais arraigado que esteja em nossa constituição física.

A compreensão do dever liga-se ao nosso entendimento das leis da vida, especialmente àquelas de caráter moral, e entende-se que esse sentimento

---

82 - KARDEC. Op. Cit., p. 235.

não tenha uma raiz biológica, porque os animais irracionais estão aprendendo unicamente a usar a matéria, enquanto o homem encarna o ser espiritual, que está desenvolvendo uma relação de domínio da matéria, daí possuir na consciência a noção imaterial desse sentimento.

O dever nasce com a vida do homem em comunidade, ou seja, com a transformação do *homo natura* em *homo socialis*.

Enquanto do medo, da ira e do amor encontramos manifestações nas mais profundas entranhas do ser material, o dever, ao contrário, não tem raízes na matéria. Sua origem na história humana exigiu vários milênios de pré-história para balbuciar seus primeiros vagidos.

O homem foi por muito tempo um animal individualista e anárquico, que viveu como *homo natura*, sem obedecer a outras leis que não a da força bruta.

A espiritualidade conceitua o dever como "a obrigação moral da criatura para consigo mesma, primeiro, e, em seguida, para com os outros"[83].

Somos seres únicos na Criação e não podemos nos esquecer dessa verdade. Aliás, os grandes espíritos que já viveram entre nós foram incansáveis em nos lembrar de que, em todos os fatos e em todas as circunstâncias, devemos prestar atenção em nós mesmos, afinal os cuidados e o amor que temos por nós é a própria medida de nosso amor à vida.

---

83 - KARDEC. Op. Cit., p. 237.

Novamente, ao tratar do dever, eles o apontam como uma questão íntima, primeiramente relacionada a nós mesmos. Portanto, é hora de esquecer a preocupação com os deveres dos outros e lembrar que cada um deve cuidar do seu em primeiro lugar, pois ninguém mais poderá fazê-lo.

Quando assumimos deveres alheios, mesmo os mais simples, sob o pretexto de ajudar alguém, estamos, na verdade, retirando a oportunidade única, pessoal e intransferível que a vida ofereceu àquela pessoa em particular e, ao assumirmos deveres alheios, esquecemos também dos nossos. Alteramos a balança da vida agindo assim e isso torna muitos relacionamentos pesados e difíceis, porque um se sobrecarrega ao assumir os compromissos que cabia ao outro.

A vida não nos pede para agir desse jeito. Ao contrário, sua grande proposta é que cada um possa descobrir suas verdades, seu papel, suas capacidades, seus direitos e seus deveres na existência.

Cumprir nosso dever pode ser sinônimo de desenvolver uma conduta respeitosa para com tudo e com todos.

É precisar os limites em que ameaçamos a felicidade ou a tranquilidade de outro ser e, como todo dever tem correspondência com um direito, é também dar a conhecer o nosso limite, aquele que não queremos ver ultrapassado em nossas vidas e em nossas relações com os outros.

Para conhecer nossos limites e saber respeitar os dos outros, Deus nos deu a mesma sensibilidade à dor. Sabendo o que me faz sofrer e o quanto isso dói em mim, tenho aí o limite para minhas atitudes em relação aos semelhantes.

O sentimento do dever é fruto da evolução, é o que dá o vigor que a alma necessita para o desenvolvimento. O dever cresce e irradia sob a mais elevada forma em cada uma das etapas superiores da humanidade.

A VIRTUDE

A virtude ou a perfeição a que podemos aspirar, em seu nível mais elevado, é representada pelo conjunto de todas as qualidades essenciais do homem de bem, que viemos estudando ao longo dos capítulos anteriores.

Essas conquistas da alma não são exibidas, não vivem se mostrando, querendo chamar a atenção. Elas, quando verdadeiras, precisam ser adivinhadas no caráter das pessoas.

Os exemplos de espíritos virtuosos como Francisco de Assis, Vicente de Paula, Thereza de Ávila e tantos outros, mostram-nos que eles ignoravam a própria virtude como sendo uma perfeição sua, apenas "deixavam-se ir ao sabor de suas santas inspirações e praticavam o bem com desinteresse, completo e inteiro esquecimento de si mesmos"[84].

---

84 - KARDEC. Op. Cit., p. 238.

Deixar-se ir "na corrente da inspiração", sem dúvida, reflete a sintonia desses espíritos com a lei de amor, a integral confiança no amor de Deus e a entrega incondicional e consciente à vida.

Nós ainda temos dificuldade de reconhecer e aceitar o papel da inspiração. Em geral, a relegamos, fechamos os canais de contato com a espiritualidade superior, e muitos, de forma ilógica, temem esse contato.

Para viver, deixando-se "ir na corrente da inspiração", é preciso confiança, coragem, desprendimento e conformidade (não conformismo), entre muitas outras coisas.

A virtude real é reconhecida por um comportamento tranquilo e modesto de quem segue seu caminho e respeita os companheiros de jornada. Essa pessoa não se apresenta como modelo para ser imitado e glorificado, enaltecendo as próprias qualidades e feitos. Isso é ostentação, e tal conduta, em geral, oculta muitas torpezas e mesquinharias.

NATURALIDADE NO DEVER

A consequência imediata da compreensão do convite à unidade, entendendo a necessidade das aquisições da alma — o dever e a virtude —, é uma naturalidade no viver tanto às questões relacionadas à matéria, quanto às relacionadas ao espírito.

Esse indivíduo entende e reconhece seu lugar no mundo. Ele, pura e simplesmente, sabe o que vale e o que possui e está lutando para conformar-se com a lei suprema do amor e manifestá-la na totalidade de sua conduta conforme suas possibilidades.

Não ostenta, não quer parecer o que não é, não faz exigências ou imposições em sua relação com o outro, não quer dominar senão a própria vida. Enfim, responsabilizar-se por suas escolhas é o bastante.

Se ele detém autoridade ou a posse de bens materiais, sabe que isso não é mais do que uma delegação, um empréstimo divino, que, em verdade, não lhe pertence, mas que pode e deve usá-lo e empregá-lo para o crescimento pessoal e daqueles que o cercam. E que aí reside a sua missão, da qual lhe será pedido contas do que fez.

Por outro lado, se está na condição de subalterno, também sabe que tem deveres e que esses não são menos sagrados do que aqueles sobre os quais que detém autoridade.

Esse indivíduo entende que cada um tem o seu dever e que dele não está dispensado, ainda que seus superiores não estejam cumprindo com seus deveres. Ele entende que as faltas de outrem não servem de justificativas para as suas.

É alguém que sabe que viver em seu tempo, como vivem as pessoas de seu tempo, tendo a mente e as ações voltadas para o agora e o amanhã, e não para o passado, é o caminho que o conduz ao progresso, e isso reflete a sua conformidade com o Criador.

Ele tem a plena consciência de que viver e desenvolver-se espiritualmente não lhe exige uma vida mística, na qual deva renegar às leis da natureza quanto a si mesmo e quanto à convivência em sociedade. Participa (e isso é diferente de dedicar-se) mesmo de coisas frívolas do dia e o faz com um sentimento de pureza, sem malévolas intenções.

No contato com outras pessoas, não precisa chocar ninguém, exibindo sua sabedoria, ou apontando os defeitos alheios, muito menos se arvorando em guia de consciências, querendo incutir suas ideias nos outros.

Se perguntado, responde; se convidado a falar, expõe seu pensamento aceitando que alguns concordarão e outros não com sua forma de ser e pensar, e isso se faz em pequenas, pequeníssimas coisas.

Pode ser mesmo numa roda de conversa, numa refeição entre amigos, numa reunião de trabalho, numa mera e simples atitude de dar uma informação a um turista, enfim, em qualquer lugar. Aquele que tem consciência de esforçar-se para conquistar a unidade não choca ninguém com sua conduta.

Esse indivíduo é naturalmente alegre e jovial, porque é intimamente feliz e está de bem consigo e com a vida. Sabe que viver no mundo é entrar em contato com espíritos de naturezas diferentes, de caracteres opostos, reconhecendo que cada um dá o que tem, vive do jeito que pode, percebe da maneira que vê, admitindo que, por se tratar de tendências, talentos e vocações, todos nós temos a peculiar necessidade de "sermos como somos" e "estarmos onde quisermos" na vida social.

Viver com naturalidade significa entender que o aspecto severo e lúgubre, coberto de cinzas e cilício, é desnecessário. Que mais importante do que parecer é ser. Que mais do que os olhos dos homens enxergam os olhos de Deus e que, por verem nosso interior, eles não se enganam.

Portanto, não é preciso repelirmos os prazeres que a vida humana nos oferece para desenvolvermos espiritualidade ou para termos contato com os bons espíritos, mas justamente procurarmos ser tão felizes quanto eles mesmos o são, atendendo assim à lei de afinidade.

As boas coisas da vida e o próprio sentimento de prazer no contato com elas são criações divinas, são da natureza, e desconhecer a natureza e as necessidades que ela indica é desconhecer a lei de Deus.

É tempo de nos libertarmos das noções castradoras de que tudo que é bom e nos dá prazer é pecaminoso e nos conduz ao inferno e à perdição. A alegria e o prazer são maneiras de viver perfeitamente compatíveis com a espiritualidade e a virtude.

Nada foi mais crivado de noções de pecado e perdição do que a relação do ser encarnado com o próprio corpo. O que algumas crenças e filosofias já fizeram e ainda fazem em termos de relação com o corpo não pode ter outro qualificativo senão de absurdas.

Especialmente a relação com o corpo feminino foi e ainda é cercada de preconceitos e tabus. Várias religiões traçam rigorosas proibições à conduta da mulher em relação ao próprio corpo, regulamentando desde cuidados de higiene e saúde até aspectos de sua vida sexual.

Mulheres ainda são consideradas "impuras", "instrumentos do pecado", "da tentação e da perdição", e várias religiões ainda disseminam severas noções do que é lícito ou não que elas façam com seus corpos. Proíbem-nas de cortarem os cabelos, de depilarem-se, de usarem perfume ou maquiagem, determinam que tipo de roupas devem usar, como e quando podem andar à rua etc.

Na cabeça das mulheres foi por muito tempo incutida e apresentada como virtuosa uma conduta atribuída a Maria de Nazaré, numa criação da Idade Média, que a apresentava como uma virgem escolhida por Deus e mãe sofredora. Desde então, a educação das mulheres, no Ocidente de dominação católica, obedeceu a esse paradigma, em que as virgens são virtuosas e que todas as mulheres devem ser educadas para atender exclusivamente às funções da maternidade.

E aí esqueceram que a mãe tem um marido e que ele deseja uma mulher e não só uma mãe. Muitas uniões, então, ruíram e pessoas sofreram devido a essa mentalidade com a qual as mulheres foram educadas.

A doutrina espírita demonstra-nos as íntimas relações que o corpo tem com o espírito e que um reage sobre o outro incessantemente, levando-nos a deduzir que o corpo não é mais do que a exteriorização materializada do espírito.

O espiritismo nos convida também a vivenciar uma relação de unidade e não de partição entre corpo e espírito, porque nos faz ver que corpo e espírito estão unidos a serviço da evolução e que essa é uma determinação da Natureza.

Assim, cuidar do corpo e do espírito com o mesmo zelo é a ciência do bem viver, do viver com naturalidade. Esses são alguns convites que a espiritualidade nos faz para que possamos desenvolver a unidade, em vez de alimentarmos nossas dualidades comportamentais.

Estudando esses temas e a nós mesmos, podemos achar difícil atender a esse convite, pois talvez nos falte ainda o traje certo para comparecer a essa festa da vida.

Você conhece a história do festim das bodas? Nela, um rei, para comemorar o casamento do filho, mandou convidar muitas pessoas, dizendo-lhes que tudo estava preparado e que ele havia providenciado para que todos tivessem do bom e do melhor para serem felizes.

Mas esses convidados não deram nenhuma atenção ao convite e o recusaram. Alguns até chegaram a matar os mensageiros e, com isso, provocaram guerras.

O festim, no entanto, continuava preparado, e, por isso, o rei mandou que seus mensageiros convidassem toda e qualquer pessoa para encherem o salão.

Ao entrar no salão, o rei notou que um dos convidados não estava com a roupa nupcial e indagou como aquele indivíduo havia entrado.

Diante do silêncio do penetra, o rei não titubeou em mandar colocá-lo para fora, lançando-o onde havia sofrimento e dizendo-lhe que: "Muitos são chamados, mas poucos escolhidos"[85].

O que nos dará a roupa adequada para participar dessa festa maior é justamente a qualidade de sermos perseverantes.

Por isso, Kardec, ao tratar das perfeições, escreveu tantas frases ressaltando o valor e a necessidade do esforço pessoal para conquistá-las.

Toda e qualquer pessoa pode conquistar a perfeição, pois essa é a lei geral. Mas isso é diferente de dizer que todas as pessoas são perfeitas. O correto é que elas são perfectíveis.

---

85 - Mt 20:16.

Sabemos que isso não é a verdade de nosso estágio de evolução. Aqueles que atingiram a condição de envergar a túnica nupcial, de serem admitidos na festa, são os que se esforçaram para atingir esse grau. E o grau de esforço, de perseverança, é variável em cada um de nós.

Aliás, ainda somos muito pouco perseverantes. Cansamos com grande facilidade das coisas que nos exigem empenho e, em geral, nós nos acomodamos à mesmice.

A FÉ

> Por causa de vossa incredulidade; porque em verdade vos digo que, se tiverdes fé como um grão de mostarda, direis a este monte: Passa daqui para acolá, e há de se passar; e nada será impossível.[86]

Quando se fala em fé, o que lhe vem à mente?

---

86 - Mt 17:20.

> No homem, a fé é o sentimento inato de seus destinos futuros; é a consciência que ele tem das faculdades imensas depositadas em gérmen no seu íntimo, primeiro em estado latente, e que lhe cumpre fazer que desabrochem e cresçam pela ação da sua vontade.[87]

A fé é uma das sementes de divindade que carregamos em nosso íntimo, por isso é inata e está conosco desde a criação.

Entretanto, como a própria imagem nos sugere, é semente e toda semente está sujeita ao plantio e ao cultivo para desenvolver o potencial que carrega em si.

Concluímos, então, que o sentimento de fé está sujeito à evolução. E podemos ainda dizer que depende de nós encontrá-lo no fundo de nossos corações e, com vontade ativa, desenvolvê-lo por meio do conhecimento e da compreensão das verdades espirituais fundamentais, calcados na base sólida da inteligência perfeita daquilo em que se crê e por que e para que se crê.

A doutrina espírita não nos propõe uma fé cega, em que devemos crer em algo porque alguém falou ou escreveu que assim era. O espiritismo nos propõe que desenvolvamos em nós uma fé raciocinada, que analisa, pensa, pondera, medita, discute,

---

87 - KARDEC. Op. Cit., p. 259.

debate, que quer conhecer para crer, que se apoie em fatos e ensinamentos lógicos e não em mensagens obscuras.

A fé tem íntima relação com nossa capacidade de amar, de crescer, de sermos indivíduos produtivos em nosso relacionamento com nós mesmos e com o mundo.

E a fé racional é a qualidade básica para esse despertar, pois é a qualidade de certeza e firmeza que nossas convicções têm. Ela marca toda a nossa personalidade.

É também componente de primeira importância do pensamento racional. Encontramos exemplos dessa fé na história da ciência, na trajetória de Giordano Bruno, Copérnico, Galileu, Newton e outros. O primeiro, por exemplo, morreu na fogueira por suas convicções. Essa fé está arraigada à experiência pessoal, à confiança no poder do pensamento, da observação e do juízo.

A fé racional opõe-se diametralmente à fé irracional, que é aquela na qual se crê pela força de uma autoridade ou porque a maioria faz assim.

Ela é independente, baseia-se na observação e na experiência pessoal, e não se importa com a opinião majoritária. Não se impõe e é fruto do pensamento amadurecido e não de ideias preconcebidas e ordenadas por uma vontade estranha.

Assim compreendida, verificamos que ela tem duas grandes formas de manifestação: a fé em nós mesmos e a fé em Deus. A fé ou a confiança em nós mesmos é aquela certeza interior de que conseguiremos realizar aquilo a que nos propomos fazer.

Ela nos dá uma lucidez, uma clareza de pensamento, que nos faz divisar a realização de nossos projetos e encontrar os caminhos para realizá-los. Essa confiança nos dá uma força imensa.

Somente quem tem fé em si é capaz de ser fiel aos outros, porque pode ter a certeza de que amanhã será a mesma coisa que é hoje, ou seja, que sentirá e agirá como hoje se propõe a sentir e agir.

A fé humana também implica em termos fé nos outros e confiarmos em nossas potencialidades. E a presença ou não de uma fé racional é a diferença entre educação e manipulação. Educar é ajudar o outro a realizar suas potencialidades.

A manipulação é a formatação da conduta para um comportamento "socialmente desejável", aceito pela maioria.

A fé no outro é um componente de confiança, uma atitude de abertura, de entender que cada um é um e que não devemos fazer julgamentos absolutos e globais, fechando-nos para tudo e todos, quando enfrentamos mágoas, decepções ou dissabores com nossos companheiros de evolução.

Por exemplo, quando alguém sofre uma decepção amorosa e sai dizendo: "Homem ou mulher é tudo igual, o que muda é o endereço". Você não pendura em si mesmo uma plaquinha de "amarei só amanhã".

Isso conduz a fé na humanidade, que, no futuro (pode ser amanhã, não precisa ser distante), dependerá de nós. A fé de que seremos capazes de construir uma ordem social governada por princípios de igualdade, justiça e amor.

A fé divina é a confiança suprema em Deus, de que tudo está certo e seguro à nossa volta. Ela compreende as lições da vida e as aceita, e nessa confiança encontra as forças necessárias para conquistar todas as virtudes que almeja, pois não existem más tendências que não possam ser vencidas.

A fé fortifica a vontade. Aí está o poder da fé que Jesus ensinava. As montanhas que a fé transporta são as dificuldades, as resistências, a má vontade, os preconceitos, os interesses pessoais, o egoísmo, a cegueira do fanatismo, as paixões orgulhosas.

A fé robusta nos dá a perseverança, a energia e os recursos para vencermos os obstáculos nas pequenas e nas grandes coisas.

PARA PENSAR

> [...] Ter fé requer coragem, a capacidade de correr um risco, a disposição de aceitar mesmo a dor e a decepção. Quem quer que insista na incolumidade e na segurança como condições primárias de vida não pode ter fé; quem quer que se feche num sistema de defesa, em que a distância e a possessividade sejam seus principais meios de segurança, faz de si um prisioneiro.[88]

REPENSANDO

Estudamos os capítulos XVII, XVIII e XIX de *O Evangelho Segundo o Espiritismo* e, por meio da análise do "Sede Perfeitos"[89], analisamos a proposta de conquista de unidade, inteireza em nosso comportamento e como a perseverança e a fé podem ser auxiliares nesse processo, entendendo que:

a) a proposta de perfeição é relativa;
b) por perfeições entendamos as virtudes ou os potenciais do espírito;
c) é preciso desenvolver um comportamento harmonioso, que integre deveres e virtudes a uma forma natural de viver e conviver.

---

88 - FROMM, Erich. *A arte de amar.* São Paulo : Martins Fontes.
89 - KARDEC. Op. Cit., p. 231.

Faça uma autoavaliação deste capítulo.

Capítulo 8
Carpe diem[90]

O homem que tem coragem de desperdiçar uma hora do seu tempo não descobriu o valor da vida.

(Charles Darwin)

---

90 - Aproveite o dia.

NÃO DEIXE PARA DEPOIS

Por muito tempo, fomos ensinados a crer que somente algumas pessoas podiam entender o significado das lições ensinadas pelo Mestre, ou que, para compreendermos essas lições, seriam necessários conhecimentos ocultos.

A missão de Jesus é nos orientar, ser o nosso professor, e cada um de nós aprende a lição conforme sua condição e cada etapa da existência nos diz algo.

Sem dúvida, vamos amadurecendo com as experiências e, com isso, percebemos mensagens antes ignoradas, mas em cada momento somos capazes de aprender algo. Portanto leia e interprete a parábola conforme suas percepções.

Leia com atenção a história abaixo contada por Jesus e medite sobre o que ela tem a dizer a você.

> [...] o reino dos céus é semelhante a um homem, a um pai de família, que saiu de madrugada, a assalariar trabalhadores para a sua vinha. E, ajustando com os trabalhadores a um dinheiro por dia, mandou-os para a sua vinha.
>
> E, saindo perto da hora terceira, viu outros que estavam ociosos na praça, e disse-lhes: Ide vós também para a vinha, e dar-vos-ei o que for justo. E eles foram.

Saindo outra vez, perto da hora sexta e nona, fez o mesmo.

E, saindo perto da hora undécima, encontrou outros que estavam ociosos, e perguntou-lhes: Por que estais ociosos todo o dia? Disseram-lhe eles: Porque ninguém nos assalariou. Diz-lhes ele: Ide vós também para a vinha, e recebereis o que for justo.

E, aproximando-se a noite, diz o senhor da vinha ao seu mordomo: Chama os trabalhadores, e paga-lhes o jornal, começando pelos derradeiros, até aos primeiros.

E, chegando os que tinham ido perto da hora undécima, receberam um dinheiro cada um.

Vindo, porém, os primeiros, cuidaram que haviam de receber mais; mas do mesmo modo receberam um dinheiro cada um; E, recebendo-o, murmuravam contra o pai de família, dizendo: Estes derradeiros trabalharam só uma hora, e tu os igualaste conosco, que suportamos a fadiga e a calma do dia.

Mas ele, respondendo, disse a um deles: Amigo, não te faço agravo; não ajustaste tu comigo um dinheiro? Toma o que é teu, e retira-te; eu quero dar a este derradeiro tanto como a ti. Ou não me é lícito fazer o que quiser do que é meu? Ou é mau o teu olho porque eu sou bom?

Assim os derradeiros serão primeiros, e os primeiros derradeiros; porque muitos são chamados, mas poucos escolhidos.[91]

Agora, vamos expor-lhes a nossa interpretação, e isso não significa que ela seja a melhor, a única ou a verdadeira. Trata-se de nossa compreensão em relação ao assunto, que está de acordo com a visão que temos do tema e de sua integração aos anteriores.

O melhor é que possamos conversar sobre ela, com liberdade e respeito, aceitando diferenças, compartilhando semelhanças e pensando no que estamos estudando. Isso sim é fundamental.

Cada um de nós é a seara do Mestre e o trabalho que ele nos chama a realizar é o do conhecimento e domínio da vida.

Aproveitemos as horas que são oportunidades reencarnatórias de crescimento, o tempo e o que fazemos nele.

91 - Mt 20:1-16.

Temos frequentemente o hábito de dizer "deixe que o tempo resolva", diante de um problema; "quando crescer melhora", de uma criança ou adolescente rebelde; ou ainda "coloque isso nas mãos de Deus", "entregue nas mãos de Deus". Só podemos não estar raciocinando quando falamos tais frases!

Pense bem: o tempo é uma sequência de segundos, que é contado em função dos movimentos do planeta e da matéria; é só aqui que ele existe.

O tempo é apenas uma medida criada pelo homem. Para as transformações materiais, ele não tem o poder de realizar nada. Apenas nós podemos realizar alguma coisa, usando o tempo de que dispomos. Logo, se não nos mexermos, vai ser difícil acontecer o que desejamos.

Quando ficamos inativos, inertes diante da vida, deixando o tempo passar, o que acontece é que o movimento dos outros ao nosso redor nos leva de roldão e nem sempre para onde queremos ir.

Não deixe o tempo resolver seus problemas, pois ele não o fará. E isso se dá porque simplesmente ele não sabe e não pode resolver seus problemas, pois não é um ente inteligente. Só eu posso conhecer e resolver meus problemas de qualquer ordem; só você pode resolver os seus.

O tempo será seu aliado ou seu inimigo, e tudo dependerá de sua escolha: de agir ou ficar parado, deixando a vida passar, sem vivê-la.

Colocar seus problemas nas mãos de Deus é pior ainda. Estamos dizendo que nos sentimos sós e apenas superiores a Deus, porque pensávamos antes dominar as leis do mundo e sermos capazes, em geral, de resolver conflitos alheios ou problemas ligados ao funcionamento das leis biológicas, naturais.

Simplesmente não somos. Estamos limitados a nós mesmos e à nossa capacidade de solução está relacionada a nós mesmos. Parece repetitivo, mas há coisas que só aprendemos por repetição.

Deus comanda com perfeita harmonia o universo. Nada está errado ou fora de seu controle, quanto menos um problema que hoje julgamos imenso e que amanhã, quando o tivermos superado, será pequeno.

Então, ainda olharemos para trás, como em tantas outras oportunidades, e diremos: "Por que me afligi daquela forma?". Ou seja, ainda fazemos tempestade em copo d'água.

A verdade é que ainda não acreditamos na providência divina, pois o fato é que todos nós estamos e sempre estivemos sob a proteção divina.

Não precisamos nos entregar a Deus; precisamos, sim, nos integrarmos a Ele. Não há uma só planta, um animal sequer, pelo qual não vele o olhar do Pai, quanto mais a nós humanos.

Não há necessidade de entregar nada a Ele, pois Ele nada perdeu. A confiança expressa-se na aceitação ativa de seus desígnios, lutando, construindo e fazendo tudo quanto nossa razão nos diga ser necessário, mas aceitando quando nossa força é impotente perante a vontade de Deus.

Então, cabe a nós aguardarmos para que, com o passar do tempo, possamos contemplar a sabedoria da decisão. Os fatos são julgados por suas consequências no tempo.

Quantas pessoas nós conhecemos que não dão a menor importância a empregarem algumas horas da existência na busca por respostas fundamentais e que não dão o menor cuidado aos aspectos espirituais da vida, relegados a segundo plano ou mantidos terrivelmente divididos?

Pessoas que veem somente a vida material, mantendo-se absolutamente desligadas do outro lado — renegado completamente muitas vezes — e que só irão se preocupar e buscar um pouco de espiritualidade quando chegar a velhice e a morte começar a rondá-las.

São pessoas que recusaram o trabalho a cada hora do dia, dizendo:

> [...] "tenhamos paciência, o repouso me é agradável; quando soar a última hora é que será tempo de pensar no salário do dia; que necessidade tenho de me incomodar por um patrão a quem não conheço e não estimo! Quanto mais tarde, melhor"; esse tal, meus amigos, não teria tido o salário do obreiro, mas o da preguiça.[92]

92 - KARDEC. Op. Cit., p. 263.

Desperdiçaram a existência e o tempo que lhes cabiam, sem terem adquirido todo o conhecimento que lhes estava ao alcance.

Estamos encarnados para bem aproveitar a experiência e a oportunidade. Recolhemos todos os trabalhos intelectuais desenvolvidos no passado.

O homem herda do próprio homem na evolução (e aí está a solidariedade que liga as gerações) e herdamos de nós mesmos, uma vez que os trabalhos de existências passadas são aproveitados no desenvolvimento de nossas capacidades atuais.

Apenas esquecemos os fatos, mas não perdemos o patrimônio da alma. Há solidariedade ligando esta existência às anteriores.

Assim, precisamos bem empregar as oportunidades, lembrando o chamado de bem empregar as horas dos antigos romanos ao alertarem a posteridade: *Carpe diem, tempus fugit*[93].

Não postergue o trabalho intransferível de descoberta e renovação de suas verdades e de seus caminhos.

O PAPEL DO CONHECIMENTO

> [...] Porque não há boa árvore que dê mau fruto, nem má árvore que dê bom fruto. Porque cada árvore se conhece pelo seu

---

93 - Aproveite o dia, o tempo passa.

> próprio fruto; pois não se colhem figos dos espinheiros, nem se vindimam uvas dos abrolhos. O homem bom, do bom tesouro do seu coração tira o bem, e o homem mau, do mau tesouro do seu coração tira o mal, porque da abundância do seu coração fala a boca.[94]

Repita o mesmo que fizemos na passagem anterior. Leia com atenção o texto e desenvolva sua interpretação.

____

____

____

____

____

Kardec nos esclarece que a palavra *profeta*, no sentido evangélico, tem uma significação mais ampla do que a relacionada ao dom de revelar o futuro comumente conhecida. Diz ele que profeta é "todo enviado de Deus com a missão de instruir os homens e de lhes revelar as coisas ocultas e os mistérios da vida espiritual"[95].

O que é um enviado de Deus? Será alguém especial, diferente do comum dos homens? O que

94 - Lc 6:43-45.
95 - KARDEC. Op. Cit., p. 268.

nós podemos entender pela expressão "enviado de Deus"?

Emissários de Deus todos nós somos, em diferentes graus. *Emissarius*, em latim, quer dizer "agente", e todos nós somos chamados a agir na obra da criação, no grande plano divino.

Cada um de nós tem sua parte de ação para a manutenção da harmonia e do equilíbrio, e, principalmente, todos nós somos agentes de progresso e renovação. Somos, por fim, agentes divinos neste planeta.

Não é preciso fazer prodígios nem milagres. Aliás, os milagres nada mais são do que fenômenos naturais e apenas assim foram considerados pela falta de entendimento e conhecimento científico da época.

Mas nada se produz fora ou de forma contrária às leis da Natureza.

> Para o vulgo ignorante, todo fenômeno cuja causa é desconhecida passa por sobrenatural, maravilhoso e miraculoso; uma vez encontrada a causa, reconhece-se que o fenômeno, por muito extraordinário que pareça, mais não é do que aplicação de uma Lei da Natureza. Assim, o círculo dos fatos sobrenaturais se restringe à medida que o da Ciência se alarga. Em todos os tempos, homens houve que exploraram, em proveito de suas ambições,

> de seus interesses e do seu anseio de dominação, certos conhecimentos que possuíam, a fim de alcançarem o prestígio de um pseudopoder sobre-humano, ou de uma pretendida missão divina.[96]

O papel do conhecimento é nos alertar para bem fazermos a separação do joio e do trigo. Separar o que é um ensino legítimo e verdadeiro daquilo que é mero exibicionismo, um abuso da credulidade e da ignorância alheia. Afinal, "[...] o verdadeiro profeta se reconhece por caracteres mais sérios e exclusivamente morais"[97].

Pessoas crédulas e desinformadas quanto às verdades espirituais fascinam-se com fenômenos e revelações acerca do futuro e do passado, creem que é possível modificar outra pessoa e até mesmo interferir na vontade delas, determinando o que devem ou não fazer por meios da intervenção dos espíritos. Isso é falta de conhecimento da vida e da espiritualidade.

Outras acreditam que esse mesmo conhecimento pode operar milagres exteriores imediatos. Outra ilusão.

O conhecimento da espiritualidade ou do Espiritismo, como queiram, não produz milagres nem prodígios, declara mesmo formalmente que não os produz.

---

96 - KARDEC. Op. Cit., p. 269.
97 - Ibidem.

> [...] o Espiritismo revela outras leis desconhecidas, as que regem as relações do mundo corpóreo com o mundo espiritual, leis que, tanto quanto aquelas outras da Ciência, são Leis da Natureza. Facultando a explicação de certa ordem de fenômenos incompreendidos até o presente, ele destrói o que ainda restava do domínio do maravilhoso.[98]

E nos revela ainda que os homens não se modificam porque desencarnam ou deixam o corpo físico; os homens não viram santos. Eles continuam sendo o que são. Portanto, no mundo espiritual que nos rodeia, existem entre os espíritos as mesmas personalidades que encontramos na matéria.

O Espiritismo nos ensina que a lei de afinidade também rege a aproximação entre espíritos encarnados e desencarnados, fomentando a sintonia entre os que são semelhantes e afins, e que não é pela condição de desencarnado que o espírito perde suas limitações.

Ou seja, eles não sabem mais do que sabiam quando estavam encarnados, portanto é preciso ter cuidado com aqueles que se propõem a tudo responder sem nenhum critério, a envolver-se onde não são chamados, e que tomam uma série de atitudes aonde o respeito e a sabedoria não chegam nem perto. Esses são os falsos profetas.

---

98 - KARDEC. Op. Cit., p. 270.

Os espíritos não são ausentes, mas, como dizia o poeta Victor Hugo, eles são "apenas invisíveis". Nossos atos, pensamentos e sentimentos estabelecem nossas atrações e relações com eles.

"Lembrai-vos de que cada criatura traz na fronte, mas principalmente nos atos, o cunho da sua grandeza ou da sua inferioridade."[99]

Não perca tempo em busca do maravilhoso, do sobrenatural, do milagroso, pois isso não existe. O real é mesmo o trabalho de cada um em prol do próprio crescimento no momento que passa.

PARA PENSAR

"Não se pode perder muito de um líquido que cai gota a gota."

(Sêneca)

REPENSANDO

Estudamos os capítulos XX e XXI de *O Evangelho Segundo o Espiritismo*, que nos trazem um forte alerta quanto ao uso do tempo e das oportunidades de crescimento que a existência nos oferece e nossas atitudes diante delas.

Entendemos, então, que a seara do mestre é cada um de nós; que somos agentes divinos para a transformação interior e exterior; e que o verdadeiro ensinamento espiritual é de caráter essencialmente moral.

---

99 - KARDEC. Op. Cit., p. 271.

Anote suas conclusões.

Capítulo 9
Os laços de família

> Depois de algum tempo, você aprende a diferença, a sutil diferença entra dar uma mão e acorrentar uma alma,
>
> E você aprende que amar não é apoiar-se, e que companhia nem sempre significa segurança.
>
> E começa a aprender que beijos não são contratos e presentes não são promessas.
>
> E começa a aceitar suas derrotas com a cabeça erguida e olhos adiante, com a graça de um adulto, e não com a tristeza de uma criança.[100]

CASAMENTO E DIVÓRCIO

Conhecer a história possibilita-nos compreender o presente, corrigir o futuro, se necessário, e ampliar os horizontes, redimensionando opiniões e conceitos.

Há opiniões em que se torna patente um arraigado preconceito lastreado no desconhecimento histórico. O casamento e o divórcio, por exemplo, não são exceções. Por isso, olhar a construção desses conceitos nos facilita a compreensão do pensamento espírita.

Na origem da sociedade, a união dos sexos seguia somente as leis naturais, atendendo aos

---

100 - SHAKESPEARE, William. *Reflexões*.

instintos e à reprodução da espécie. Entre homem e mulher nenhum outro vínculo se estabelecia, originando-se, assim, uma sociedade matriarcal.

As famílias primitivas eram constituídas pelas mulheres e por seus filhos, até esses atingirem condições de independência.

Nessa época distante, algo levou o homem primitivo a pegar uma mulher pelos cabelos, a levá-la para sua toca e decidir que ela era só sua e atribuir a si a função de "protegê-la" contra os outros homens, criando, assim, o casamento. E elas, cansadas de cuidarem sozinhas dos filhos, aceitaram aquele arranjo, cientes de que a retribuição seria a fidelidade sexual.

Os motivos do homem poderiam ser as lembranças do aconchego da infância junto à figura feminina, atração sexual, questões de rivalidade, fomentada pela disputa pela mulher mais cobiçada, uma ideia rudimentar de divisão do trabalho etc. Provavelmente, um pouco de cada um desses fatores contribuiu para a evolução social, constituindo, assim, o casamento.

O certo é que, quando uma conduta deriva apenas de uma causa, existe maior tendência para sua extinção; sendo várias as causas, se algumas se enfraquecerem, as outras tenderão a persistir, mantendo, dessa forma, o comportamento.

A união entre os sexos encaixa-se nessa situação.

O Velho Testamento mostra famílias formadas por um homem, várias esposas, algumas concubinas, e o livre uso das escravas para relações sexuais.

Os gregos admitiam que o marido tivesse concubinas, amantes e relacionamentos homossexuais com rapazes ou escravos.

Em Roma, houve a *confarreatio*, a *coemptio* e o *usus*. A primeira era o casamento dos patrícios, ou o casamento religioso, caracterizado pela oferta de um pão de trigo aos deuses, de onde se originou o bolo de noiva. A *coemptio* era o matrimônio da plebe, ou o casamento civil, visto como uma venda imaginária. E, por fim, o *usus* era a aquisição de uma mulher pela posse.

Os romanos depois passaram a adotar o matrimônio livre, entendido como um contrato civil, nos padrões que estão em vigência até os dias atuais.

A expansão do Império Romano no Ocidente levou essa cultura aos povos dominados, disseminando a visão do casamento como fruto da evolução social e da criação da legislação humana. Paralelo à construção do casamento, o divórcio foi construído.

O Código de Hamurabi, uma das legislações mais antigas, admitia o pedido de divórcio por parte de qualquer um dos cônjuges. Entre os hebreus, a Lei Mosaica assegurava ao marido repudiar a esposa, e isso também existia na Grécia.

Em Roma, a história recua ao tempo da fundação em que, foi atribuída a Rômulo a lei reguladora do repúdio da mulher pelo marido.

No direito romano clássico, surge a legislação do divórcio, nas formas do mútuo consentimento ou por meio da vontade de um dos cônjuges.

Apesar da contemporaneidade do tema "casamento e divórcio", este foi e é, para alguns, uma questão polêmica. Existem defensores da ideia da indissolubilidade, que se originou em um período mais próximo, quando o casamento migrou do campo do Direito para o da religião católica romana e perdeu o caráter de contrato, assumindo o de sacramento.

No período entre 1545 e 1563, durante o Concílio de Trento, a Igreja reivindicou os direitos sobre o matrimônio, instituindo, assim, o casamento religioso. As sociedades católicas, então, passaram a observar o famoso "até que a morte os separe".

O casamento-sacramento representa a união entre Jesus Cristo e a Igreja e, como tal, só poderia ser dissolvido por um tribunal eclesiástico católico romano, que era a lei "divina" e cuja regulamentação estava acima do Estado.

Até 1988, o Brasil era oficialmente um Estado católico, e, atualmente, se diz laico. No entanto, nos tempos de Colônia e Império, os matrimônios católicos e mistos eram os únicos admitidos.

A chegada de imigrantes de diversas nacionalidades e crenças forçou o governo, em 1861, a permitir o casamento acatólico.

Na República, surge, então, o casamento civil, único válido, iniciando a luta pela libertação do jugo da Igreja. Com ele, a discussão sobre a regulamentação do divórcio, iniciada em 1893, manteve-se palpitante até a aprovação da Lei 6.515, de 1977, que inseriu o divórcio na lei brasileira.

A longa dominação do pensamento católico e a pressão religiosa de quase um século contra o divórcio, aliadas ao pouco esclarecimento da população sobre o tema, explicam o arraigado preconceito em relação à questão, mas é preciso reconhecer a origem exclusivamente católica desse proceder.

A conduta da Igreja em nada mudou. Basta observarmos o discurso do Papa João Paulo II, em 28 de fevereiro de 2002, durante a inauguração do ano judiciário do Tribunal da Rota Romana, em que orientou que:

> Entre estas iniciativas não podem faltar as que se destinam ao reconhecimento público do matrimônio indissolúvel nos ordenamentos jurídicos civis [...]. A oposição decidida a todas as medidas legais e administrativas que introduzam o divórcio ou que igualem ao matrimônio as uniões de fato, até as homossexuais,

> deve ser acompanhada por uma atitude propositiva, mediante medidas jurídicas que tendam para melhorar o reconhecimento social do verdadeiro matrimônio no âmbito das organizações jurídicas que, infelizmente, admitem o divórcio.[101]

Conhecendo a história do casamento e do divórcio, apreciamos com mais consciência os conceitos coerentes e libertadores do espiritismo.

Na *Revista Espírita*, de julho de 1862, encontramos um conceito de casamento a que poderemos aspirar:

> Refiro-me ao casamento entendido no sentido da união íntima de dois seres que não querem separar-se mais. Entretanto, tal como é compreendido na Terra, o casamento não é conhecido nos mundos superiores. Nesses lugares de felicidade, de liberdade e de alegria, os laços são de flores e de amor; e não creias que, por isso, sejam menos duráveis. Só o coração fala e guia nessas uniões tão doces. Uniões

---

101 - "Discurso do Santo Padre João Paulo II aos prelados auditores, oficiais e advogados do Tribunal da Rota Romana na inauguração do Ano Judiciário". Disponível em: http://w2.vatican.va/content/john-paul-ii/pt/speeches/2002/january/documents/hf_jp-ii_spe_20020128_roman-rota.html. Acesso: 25 de ago. 2015.

> livres e felizes, casamento de almas perante Deus, eis a lei do amor dos mundos superiores![102]

A lei de amor é a única de ordem divina a reger as uniões, por isso, a melhor interpretação ao ensino de Jesus — de que "o que Deus ajuntou não o separe o homem"[103] — é a de que, aqueles que são unidos por amor recíproco não se separam. O restante é lei humana necessária à regulamentação da vida social.

Em *O Evangelho Segundo o Espiritismo*, no capítulo XXII, Kardec trata desse tema e, na questão 697 de *O Livro dos Espíritos*, quando se questionou sobre ser a indissolubilidade do casamento lei humana ou natural, foi respondido que se trata de "uma lei humana muito contrária à lei natural. Mas os homens podem modificar as suas leis; somente as naturais são imutáveis"[104].

O divórcio é uma lei humana que separa legalmente o que de fato não está unido, mas não é contrária à lei divina. Apenas corrige o que os homens fizeram.

Claramente, não atendemos à lei natural ou divina na escolha de nossos parceiros ou temos limitada compreensão dos sentimentos que fundamentam as uniões.

---

102 - "União simpática das almas". Em *Revista Espírita*. Bordeaux, jul. 1862, p. 298.

103 - Mc 10:9.

104 - KARDEC, Allan. *O Livro dos Espíritos*. Trad. José Herculano Pires. 63ª ed. São Paulo : LAKE, 2002, p. 242.

RELAÇÕES DE PARENTESCO

Possivelmente, as relações mais difíceis de amadurecerem sejam as relações de parentesco, especialmente as ligações entre pais e filhos.

Há sempre a tendência de manter os olhos e os sentimentos fixos no passado, como se os anos não passassem e a vida não modificasse muita coisa.

Para os pais, os filhos tendem a ser crianças e são sempre vistos como seres que precisam de sua proteção. Não importa a idade que tenham; serão sempre nenês, crianças para os pais.

E, para muitos filhos, a independência nunca lhes sorri. Tudo o que fazem necessita da aprovação dos pais. São pessoas inseguras e dependentes emocionalmente da estrutura familiar, que não os preparou para a independência.

Nem sonharíamos dizer que a estrutura familiar não é importante ao desenvolvimento do ser; ao contrário, reconhecemos a primordial importância da família. Entretanto, isso não implica desconhecer que, não havendo maturidade entre seus membros, essa mesma imprescindível estrutura pode se tornar esmagadora e gerar cobranças e dependências doentias.

Existem pessoas que vivem buscando em seus relacionamentos afetivos a reprodução da figura materna ou paterna e existem pais que destroem as relações dos filhos por ciúme, infernizando casais, não aceitando que outro homem ou outra mulher tenha o amor de seus filhos, como se fossem afetos iguais.

Isso denota falta de maturidade, sem que importe a idade cronológica do indivíduo. Simplesmente, são pessoas que não conseguem separar as individualidades.

Há também os pais que lançam projeções sobre seus filhos, querendo que sejam e façam tudo o que eles não conseguiram ser e fazer. Trata-se do nobre desejo dos pais de darem aos rebentos o melhor, esquecendo-se de que isso está pautado em sua interpretação e vontade e não na do filhos, que provavelmente tenham outras, talvez bem diferentes das suas.

Essas e muitas outras situações ocorrem e se repetem dentro de muitos lares, pela absoluta falta de entendimento das lições de Jesus, que, resumidamente e conforme já estudamos, nos dizem que somos todos filhos do mesmo pai e que cada um constrói seu próprio caminho.

Jesus não desconhecia toda a gama de complexos com que as relações familiares podem marcar a personalidade do espírito, especialmente em suas condições evolutivas, nem desconhecia que os seres humanos têm uma forma de amar imatura e cheia de condicionamentos e cobranças. Sendo assim, por mais lindo e divino que seja o amor entre pais e filhos, ele se ressente dessas imperfeições.

Ele sabia, principalmente, de nossas dificuldades em fazer separações, em reconhecer que há deveres que se sobrepõem a outros deveres, que as separações, mesmo as mais penosas, são necessárias e não irão quebrar os vínculos, e que a distância não diminui respeito, solicitude, nem a ternura entre as pessoas.

Basta-nos, por fim, compreender que pais e filhos são, antes de tudo, espíritos imortais, que possuem uma história anterior e que continuaram a escrever suas histórias depois de serem pais e filhos uns dos outros na matéria. Estamos caminhando juntos nesta existência e o melhor é que a aproveitemos para amadurecer nossos sentimentos.

A separação é uma necessidade do progresso e ocorre tanto nas famílias como nas raças, que se abastardam se não há cruzamento, se não se enxertam umas nas outras. Trata-se de uma lei natural, tanto no interesse do progresso moral quanto do progresso físico.

O Espiritismo nos faz compreender que os verdadeiros laços de afeição não são aqueles estabelecidos por meio da afinidade entre os espíritos, ou determinados pelo corpo.

A doutrina espírita nos ensina que esses laços não se rompem nem mesmo pela morte, mas são afeições maduras e equilibradas, que não fazem imposições e não são cheias de expectativas. Ao contrário, são brandas, pacientes, benignas.

Esses laços constroem e fortificam a individualidade e a independência uns dos outros. Não aprisionam nem geram dependentes, são isentos das disputas inconscientes, e são afeições saudáveis, sem as doenças da incompreensão, do ciúme, da insegurança e de mil outros complexos gerados nessas relações.

Sabendo que as separações eram necessárias, inevitáveis e leis da vida, para promover o crescimento individual, Jesus ensinava que "[...] todo aquele que tiver deixado casas, ou irmãos, ou irmãs, ou pai, ou mãe, ou mulher, ou filhos, ou terras, por amor de meu nome, receberá cem vezes tanto, e herdará a vida eterna"[105].

Jesus nunca nos ensinou a adoração à sua pessoa, mas sempre ressaltou a mensagem que transmitia como caminho de libertação. Assim, devemos entender que, nessa passagem, ele ressaltou que o indivíduo, que houvesse entendido sua mensagem, entenderia que as separações nos laços de família são inevitáveis e que, agindo em conformidade com as leis da vida, estaria amadurecendo.

Por isso, Jesus promete que essas pessoas receberão o cêntuplo, pois serão felizes e amadurecidas.

---

105 - Mt 19:29.

MORTE NA FAMÍLIA

Em outra passagem, Jesus aborda diretamente o apego excessivo, a dependência emocional entre membros da família, que chega a fazer muitos negarem a morte dos entes, recusando-se a aceitá-la quando essa lhes "tira", "rouba" (veja o sentimento de posse na expressão comum) um familiar querido, seja pai, mãe ou filho. Um familiar que nunca enterram e cuja memória vivem constantemente evocando, entre lamentos muito além do natural.

Tratam-se de indivíduos inconformados e irresignados com as leis da vida. São pessoas que se perturbam e perturbam o espírito que partiu para o outro lado, não lhe dando descanso, nem paz para retomarem a vida espiritual, e prendendo-os aos seus sentimentos e pensamentos de dor e inconformação.

O luto e a tristeza pela separação de alguém querido são naturais e necessários. São parte de um processo psicológico, que tende a nos dar o tempo necessário para nos ambientarmos à mudança e à ausência e para nos prepararmos para uma nova fase de experiência pessoal, sem a presença de alguém a quem estávamos estreitamente ligados.

E pode-se dizer que o espírito que parte também vive esse luto, também se entristece por aquilo que deixa, mas é um sentimento de natureza transitória.

É apontada a duração aproximada e natural de até dois anos, a partir dos quais, lentamente, as criaturas retomam suas jornadas aceitando e convivendo com a separação. Ultrapassando tempo maior que esse período, pode haver um indicativo de um processo de luto patológico, doentio, sinalizando a necessidade de cuidados especializados.

Indivíduos inconformados e irresignados cultivam de forma doentia a memória do morto, seja por meio do culto aos seus pertences, seja por nunca se separarem psicologicamente dos entes queridos, recusando-se a enterrarem seus mortos, que vivem como fantasmas: perambulando em seus mundos emocionais, eclodindo em doenças de causa ignorada, a fim de reclamarem a atenção dos outros para seu sofrimento, sendo torturados por sonhos e lembranças, e buscando em outras pessoas reaver a relação com aquele indivíduo que morreu.

E o ensino é: "Deixa aos mortos o enterrar os seus mortos; porém tu vais e anuncias o reino de Deus"[106].

Ou seja, cada um deve seguir seu caminho, mantendo-se ativo na vida, vivendo e aceitando

---

106 - Lc 9:60.

o presente e as leis maiores contra as quais sua vontade é impotente. Assim, conseguirá construir o futuro com confiança e ação.

Amores não morrem; simplesmente se tornam invisíveis e não desejam a desgraça do ser amado neste ou no outro lado da vida.

SEPARAÇÕES EMOCIONAIS DENTRO DE CASA

É comum vermos pessoas vivendo dentro de uma mesma casa, com a intimidade dos laços de parentesco ou de uma união conjugal, mas que estão separadas por algumas barreiras emocionais e intelectuais.

Elas convivem umas com as outras, mas não compartilham, não trocam, e isso gera desconforto, atritos e insatisfações.

> Não cuideis que eu vim trazer a paz à Terra; não vim trazer paz, mas espada; porque eu vim pôr em dissensão o homem contra seu pai, e a filha contra sua mãe, e a nora contra sua sogra. E assim os inimigos do homem serão os seus familiares.[107]

---

107 - Mt 10:34-36.

Nenhum conhecimento novo traz paz; em geral, vem cercado de muitas discussões e dúvidas, começando pelo interior daquele que o acolhe.

Quando descobrimos algo novo, isso nos causa uma revolução interior, pois é preciso rever conceitos, ideias, atitudes, e leva certo tempo até que se consolide, manifestando-se como patrimônio pessoal.

É um período de indagações, de questionamentos, de refutações, enfim, não há paz nesse processo. Ela só virá depois, bem depois, e ainda assim em nosso íntimo, porque cada mudança nossa repercute à nossa volta e encontra frequentemente barreiras e oposições naqueles que convivem conosco.

E quanto mais essa ideia nova mexer nosso modo de ser, mais ela receberá combate, tornando-se uma das causas das conhecidas brigas de família.

Conhecer e compreender as verdades ensinadas por Jesus, entendê-las à luz dos conhecimentos transmitidos pelos espíritos superiores, alteram muito nosso modo de ser, de pensar e de agir.

É algo que nos transforma, e nem todos compreendem ou aceitam essas transformações, pois também é comum que elas nos distanciem de algumas pessoas e nos aproximem de outras, devido às novas afinidades.

Nesse processo, é comum esfriarem algumas de nossas relações anteriores, com as quais temos poucos pontos em comum, ou por que acrescentam outras pessoas e interesses ao nosso dia a dia, julgando-se relegados.

Em um ou outro caso, trata-se do velho modo de amar possessivo e condicionado a manifestar-se.

Diferenças na maneira de pensar geram guerras. São os interesses pessoais em conflito, digladiando personalidades ainda orgulhosas e autoritárias.

O interesse pessoal é tenaz e não cede jamais à evidência; irrita-se tanto mais quanto os raciocínios que se opõem a ele, são mais peremptórios e lhe demonstram melhor seu erro.

Ele bem sabe que está em erro, mas isso não lhe toca, porque a verdadeira fé não está em sua alma.

O que mais teme é a luz que abre os olhos aos cegos, pois esse erro tem-lhe proveito e, por isso, se agarra a ele e o defende.

Cabe, então, a quem conquistou um pouco mais de compreensão e maturidade a atitude, o comportamento caridoso, entendendo a conduta alheia, lembrando-se de que a doutrina de Jesus proscreve todo o comportamento violento, afinal "[...] todos os homens são irmãos e Deus é soberanamente misericordioso; amai o vosso próximo; amai os vossos inimigos; fazei o bem aos que vos persigam[...]"[108].

Jesus previa o que deveria ocorrer, mas essas coisas eram inevitáveis, porque se prendiam à

---

108 - KARDEC, Alan. *O Evangelho Segundo o Espiritismo*. Trad. Guillon Ribeiro. 131 ª ed. Brasília : FEB, 2013, p. 288.

inferioridade da natureza humana, que não se transforma de repente.

Possivelmente, cada um de nós se enquadre em uma ou mais situações entre as que procuramos traçar neste estudo.

Reflita sobre ela, anote os lances que você recordar, analise se esta leitura o fez ver a situação com outros olhos, anote essa visão nova (se houver) ou as dúvidas que lhe tenha suscitado.

____

____

____

____

____

____

____

____

____

____

PARA PENSAR

Depois de algum tempo, você...

[...] Aprende que maturidade tem mais a ver com os tipos de experiências que se teve, e o que você aprendeu com elas, do que com quantos aniversários você celebrou.

Aprende que há mais dos seus pais em você do que você supunha.

Aprende que nunca se deve dizer a uma criança que sonhos são bobagens, poucas coisas são tão humilhantes, e seria uma tragédia se ela acreditasse nisso.

Aprende que quando está com raiva tem o direito de estar com raiva, mas isso não lhe dá o direito de ser cruel.

Descobre que só porque alguém não o ama do jeito que você quer que ame, não significa que esse alguém não sabe amar, contudo, o ama como pode, pois existem pessoas que nos amam, mas simplesmente não sabem como demonstrar ou viver isso[...].[109]

REPENSANDO

Estudamos os capítulos XXII e XXIII de *O Evangelho Segundo o Espiritismo*, que nos propõe meditar em torno da construção de nossa individualidade e das imprescindíveis separações que a vida opera. Para tanto, buscamos entender que:

a) o casamento, segundo a visão espírita, não é indissolúvel, senão quando regido pela lei de amor;

---

109 - SHAKESPEARE. Op. Cit.

b) é preciso amadurecer e rever conceitos em torno da relação entre pais e filhos, respeitando e construindo a individualidade e relações sadias;
c) o luto é natural, mas é preciso deixar para os mortos enterrarem seus mortos.

Anote suas conclusões.

Capítulo 10
A convivência

A tolerância é a melhor das religiões.

(Victor Hugo)

RELACIONANDO-SE MELHOR

Na questão 919 de *O Livro dos Espíritos*, é feita uma recomendação que devemos buscar ter sempre em mente, que diz assim: "[...] Formulai, portanto, perguntas claras e precisas e não temais de multiplicá-las: pode-se muito bem consagrar alguns minutos à conquista da felicidade eterna[...]"[110].

Todo o tempo empregado para conhecer algo é bem utilizado. Podemos lançar perguntas aos livros que lemos e buscarmos respostas neles; deixar nossa mente vagar, observando a natureza e aprendendo com seus movimentos; lançar perguntas claras e objetivas a nós mesmos; nos observar e procurar nossas respostas; e, com certeza, podemos ainda lançar perguntas aos nossos mentores, pedindo-lhes orientação em relação a questões de fundamental importância.

Em todas essas atividades e em muitas outras, estamos crescendo, aprendendo sobre nós mesmos e sobre a vida. E cada um tem a sua maneira de aprender e crescer.

Estamos chegando ao fim de nossa jornada. Temos apenas mais um capítulo de conversa depois deste, e talvez você já esteja cansado de perguntas.

E elas, por sua vez, talvez estejam fervendo e se multiplicando em sua cabeça. Convido-o a lembrar-se da questão 919 e a não temer encarar mais algumas:

---

110 - KARDEC, Allan. *O Livro dos Espíritos*. Trad. José Herculano Pires. 63ª ed. São Paulo : LAKE, 2002, p. 304.

Como você reage ante uma crítica à sua pessoa, ao seu trabalho ou às suas crenças?

Como você recebe um *não* de alguém próximo a um convite para dialogar ou assistir a algum evento sobre um tema ligado à espiritualidade e que lhe interessa?

Quando alguém menospreza o que você faz ou aquilo em que acredita, como se sente?

Você gostaria muito que alguém especial compartilhasse ou ao menos conhecesse um pouco do pensamento espírita, um pouco do que você tem se dedicado a aprender, mas essa pessoa mantém-se refratária? O que pensa em fazer? Isso já causou desentendimentos entre vocês?

____

____

____

____

____

Sempre é bom lembrarmos e reforçarmos alguns conceitos que já constam em nossos diálogos anteriores.

Para ser eficiente, todo o ensinamento tem de estar conforme e proporcional às condições do aprendiz, ou a quem ele se destina.

Portanto, não precisamos revelar todas as coisas inconsideradamente, despejar um monte de informações, ou falar a todo e qualquer momento sobre aquilo que desejamos transmitir.

Todo o ensino deve ser proporcional à inteligência daquele a quem o é dirigido, porque há pessoas a quem uma luz muita viva ofusca sem esclarecê-las.

É preciso aguardar o tempo certo para tudo. Isso não é esperar que o tempo resolva as questões, mas reconhecer que o amadurecimento demanda um espaço de tempo.

Lembre-se de uma flor. É preciso semeá-la no tempo certo, quando o clima é favorável e em conformidade com o solo de que ela necessita. Depois, é preciso ainda cuidar para que nasça, regar e aguardar que ela floresça.

O mesmo se dá com o pensamento e com as ideias. Elas são semeadas e, se encontrarem solo e clima propícios, irão desabrochar.

Caso contrário, permanecem nas entranhas do ser, tal qual a semente nas entranhas da terra, aguardando as condições certas para germinarem.

No capítulo XXIV de *O Evangelho Segundo o Espiritismo*, Kardec nos ensina que:

> O Espiritismo, hoje, projeta luz sobre uma imensidade de pontos obscuros; não a lança, porém, inconsideradamente. Com admirável prudência se conduzem os Espíritos, ao darem suas instruções. Só gradual e sucessivamente consideraram as diversas partes já conhecidas da Doutrina [...], porque cada coisa tem de vir no momento oportuno. Eles dão a cada ideia tempo para amadurecer e propagar-se, antes que apresentem outra, e aos acontecimentos o de preparar a aceitação dessa outra.[111]

---

111 - KARDEC, Alan. *O Evangelho Segundo o Espiritismo*. Trad. Guillon Ribeiro. 131 ª ed. Brasília : FEB, 2013, p.293-294.

Se desejarmos propagar nossas ideias e crenças, é sempre preferível buscar um terreno já preparado, ou seja, sigamos novamente os ensinos de Kardec.

Antes de desejarmos converter alguém ao Espiritismo, cuidemos que ela se faça primeiro um espiritualista de qualquer credo.

Não busque as pessoas de conduta sistemática ou aqueles que da doutrina dizem não querer notícia.

Aliás, esse é um grande fator, pois Jesus nos ensinou a dar a quem pede. Devemos oferecer a quem pede algum esclarecimento que esteja ao nosso alcance, mas não forçá-lo a alguém, o que seria perda de tempo e de afeto.

TOLERÂNCIA AO OUTRO

Deixar os outros tranquilos não é indiferença, mas uma boa política.

Na vida, cabe-nos viver a nossa verdade, assumir integralmente o que e quem somos, naquilo que acreditamos e por que acreditamos, esforçando-nos para sermos melhores hoje do que fomos ontem.

Só podemos lamentar a cegueira, não a maldizer. Já fomos cegos um dia.

PARA PENSAR

Tendo visto essas verdades com seus próprios olhos, pare de se preocupar com o que os outros podem pensar e contente-se em viver o resto de sua vida, venha ela a ser longa ou curta, de acordo com as exigências de sua própria natureza.

(Marco Aurélio, imperador de Roma)

REPENSANDO

Recordemos os principais ensinamentos do capítulo XXIV, analisando-os e buscando dar ênfase ao desenvolvimento das relações harmoniosas com pessoas de pensamentos e crenças diferentes e até mesmo com opositores.

Pontos principais de nosso diálogo:

a) Tudo tem seu tempo certo de amadurecimento. Ideias, crenças e valores também têm esse tempo;

b) Para divulgar qualquer ideia, é sempre melhor buscar um terreno preparado;

c) Deixar os outros tranquilos não é indiferença, mas uma boa política.

Avalie suas posições diante do que foi exposto. Se não devemos temer perguntar, também não há por que temer responder ou analisar.

Capítulo 11
Para falar com Deus

O essencial não é orar muito, mas orar bem. Essas pessoas julgam que todo o mérito está na cumprimento da prece, e fecham os olhos para os seus próprios defeitos. A prece é para eles uma ocupação, um emprego do tempo, mas não um estudo de si mesmas. Não é o remédio que é ineficaz, neste caso, mas a maneira de aplicá-lo.

(Allan Kardec)

A PRECE

Você tem o hábito de fazer prece?

( ) sim ( ) não ( ) às vezes

Se você respondeu sim, por favor, diga-me se suas preces são:

( ) espontâneas ( ) decoradas

Suas respostas pertencem a você; são suas verdades. É com elas que você evoluirá em qualquer área. Portanto, não se preocupe com o certo ou o errado, mas em reconhecer para si mesmo sua verdade.

Chegamos, então, à nossa última conversa. E isso nos lembra de que somos seres eminentemente comunicativos, aliás, tudo na natureza se comunica, de diferentes formas, mas se comunica, troca, fala de si, de suas alegrias e de suas necessidades.

Um girassol, lindo, aberto, radiante, fala de plenitude e de alegria. Quando ele gira em busca da luz solar, fala de sua carência, e, quando murcha, fala da necessidade de partir e liberar suas sementes.

Os animais comunicam-se, despertam e transmitem seus rudimentares sentimentos. Há um intercâmbio de informações em toda a natureza.

Nós, seres humanos, nos expressamos por meio de inúmeras maneiras: pela fala, expressão corporal, expressão da face, escrita; pelos gestos, trejeitos; pelo olhar, tom de voz, pensamento; e, por meio de todas as formas de arte, expressamos ideias e sentimentos.

É uma necessidade vital expressarmos nossa relação com o mundo que nos cerca, e, além de vital, ela demonstra saúde emocional.

Estamos interagindo, nos relacionando, e crescendo por meio do contato com todas as oportunidades que esse planeta e sua população nos oferecem.

Tem coisa melhor do que a companhia de alguém com quem você se sente bem, num relacionamento livre e com confiança para falar e ouvir abertamente? Não tem, não é mesmo?

É ótimo trocar ideias, discutir problemas, desabafar nossas mágoas. É bom ser abraçado, dar e receber afeto. Isso é comunicação. E não há melhor comunicação do que aquela feita, com sinceridade, de alma para alma.

Você pode dizer que concorda com isso, mas que tal coisa não soluciona os problemas, as mágoas. É verdade. No entanto, isso nos fortalece, nos alivia. Emoções expressadas tornam-se mais fáceis de lidar.

Por meio delas, raciocinamos melhor e, senão durante uma boa conversa, com certeza depois, nossas ideias se tornam mais claras, mais maduras, e a aflição cede e as soluções parecem surgir "do nada" em nossa mente.

Você pode também dizer que isso é fato e é muito bom, só que é pena que sejam poucos os verdadeiros amigos em nossas vidas e que essa comunicação de alma para alma seja bem rara. Há quem diga também que é possível contar nos dedos das mãos os verdadeiros amigos. É a lei de afinidade.

Talvez, realmente não haja muitas as criaturas com quem conseguimos construir esse tipo de relacionamento, mas elas existem e são relações que cultivamos com naturalidade, porque são boas e nos fazem bem.

No entanto, eu lhe diria que ao menos um dedo de uma de suas mãos já nasceu ocupado por um grande amigo, que o ama incondicionalmente: Deus.

Somos tão zelosos em nossas relações, até mesmo educados a sermos bons anfitriões, a sermos gentis, corteses, atenciosos na comunicação com as pessoas, entretanto, quando se trata de cultivar nossa relação com Deus, parece que surgem mil barreiras.

Será que conversar com Deus é algo difícil? Será que estabelecer uma ligação com ele e cultivar essa relação, que, queiramos ou não, nos une, é algo misterioso ou místico, só possível aos "santos". Sinceramente, cremos que não. É uma comunicação tão natural como qualquer outra.

Ao longo dos séculos, foram desvirtuados os sentimentos naturais do ser humano em relação ao Criador, cercando essa relação de mitos, tabus e fórmulas. Nós acabamos nos distanciando do impulso natural em função da enormidade de conceitos religiosos, que nos são impingidos à consciência, e, só nas horas de dor mais amarga, é que essa força brota em nossas entranhas, fazendo-nos buscar a comunicação real com o Pai.

Podemos até começar com a repetição de fórmulas, mas aquilo não nos alivia o peito, não nos acalma o coração, nem nos pacifica a mente.

No entanto, há um momento em que nosso pensamento extravasa tudo o que estamos sentindo e, assim, conseguimos nos expressar com os recursos que temos, seja lançando um olhar desesperado e aflito ao céu, seja deixando rolar lágrimas, seja dizendo muitas ou poucas palavras, conforme nossa necessidade pessoal. Mas são nossos recursos, nosso ser expressando-se numa conversa com Deus, ainda que de forma inconsciente.

Todo o culto ritual, criado ao longo de séculos, foi afastando a naturalidade, a espontaneidade da conversa que estabelecemos com Deus, circunscrevendo essa relação de amor (religiosidade) a dias, horas, locais e palavras determinadas.

A verdadeira religiosidade expressa intimidade com Deus. Ele é o amigo de todas as horas, o confidente de nossas dores, quem se alegra com

Leonardo Rásica

Luzes do passado

Celeste – no caminho da verdade

Rose Elizabeth Mello

Desafiando o destino

Verdadeiros Laços

Lúcio Morigi

O cientista de hoje

Evaldo Ribeiro

Eu creio em mim

O amor abre todas as portas

Gilvanize Balbino

pelos espíritos Ferdinando e Bernard

O símbolo da vida

Carlos Henrique de Oliveira

Ninguém foge da vida

André Ariel Filho

Surpresas da vida

Em um mar de emoções

Conheça mais sobre espiritualidade com outros sucessos.

VIDA & CONSCIÊNCIA
EDITORA

Rua Agostinho Gomes, 2.312 – SP
55 11 3577-3200

contato@vidaeconsciencia.com.br
www.vidaeconsciencia.com.br

nossas vitórias. Deus é a mão compassiva sempre pronta a nos amparar e fortalecer, a nos erguer em nossas muitas quedas, a inteligência e o amor a dirigir-nos, pacientemente, para a maturidade.

Ele não nos pede nada, não nos impõe nenhum tipo de regra, não nos faz nenhuma indiscrição ou discriminação, não nos julga jamais; é simplesmente o Ser que nos ama por excelência, que nos deu a vida e tudo quanto necessitamos para nos desenvolvermos, que zela pelo nosso crescimento e que, mesmo quando dores se fazem necessárias, está sempre ao nosso lado, aguardando que Lhe peçamos ajuda.

Mas os homens ergueram barreiras intelectuais nessa relação. Justamente aqueles que ensinaram, falsamente, que Ele tinha eleitos e preferidos, divulgavam as ideias de que suas comunicações (preces) eram melhor aceitas que as dos demais. Surgiram, então, os intermediários, que, em regra geral, eram remunerados e a quem se pagavam as preces e intercessões para nossos pedidos ao Pai.

Um rematado absurdo, pois são eles também que continuam a nos ensinar que Deus criou tudo e a todos nós e a decorar a prece do Pai-Nosso, ensinada por Jesus, em que fica muito clara a relação íntima e amorosa entre pai e filho, entre nós e Deus.

Precisamos de algum intermediário pago para nos dirigir a alguém que amamos e com quem temos uma relação de confiança? É claro que não. É um processo natural, em que simplesmente expressamos o que sentimos e desejamos.

Por que para falar com Deus seria diferente? Palavras místicas ou expressões que não fazem parte de nossa maneira habitual e espontânea de falar são desnecessárias nesse diálogo.

Deus acompanha, desde o primeiro instante, nossa vida, que se perde em eras recuadas, que nem ao menos trazemos na lembrança.

Ele conhece de sobra sentimentos e tendências que às vezes não entendemos. Se temos dos nossos pais biológicos muito mais do que admitimos, quanto não temos de afinidade com nosso Criador?

Por isso, Jesus dizia: "[...] Vós sois deuses"[112], uma forma de expressão exagerada se a tomarmos numa interpretação literal, mas perfeitamente compreensível se compreendermos a linguagem poética e enfática que ele costumava empregar.

Temos sementes de divindade, como falam os espíritos que se responsabilizaram pela codificação da doutrina espírita, e elas são a nossa herança e a nossa semelhança com o Pai.

Já conversamos bastante sobre nossas responsabilidades na vida e acreditamos que tenha ficado bastante claro que nela nos cabe um papel ativo. Acreditamos também que, se podemos contribuir com o progresso de alguém, esse alguém, em primeiro lugar, é nós mesmos. Assim, podemos

---

112 - Sl 82:6.

dialogar com Deus sobre qualquer assunto, falar de nossas dificuldades, sejam elas quais forem, mas nos mantendo cientes de que a ajuda dEle será sempre voltada a fortalecer nosso ânimo, nossa coragem, paciência, força, e a nos inspirar boas ideias.

A ação, no entanto, nos compete, pois um verdadeiro pai ou amigo não tira da pessoa de quem gosta a oportunidade de aperfeiçoar-se. Basta que peçamos com sinceridade, humildade, fé e confiança.

A lição de Jesus em que nos convida a observar os pássaros do céu e os lírios dos campos é um hino de amor e confiança na assistência divina, não uma isenção ao trabalho e à atividade.

Em *O Evangelho Segundo o Espiritismo*, há, no item 23 do capítulo XXVII, uma comunicação do espírito de Santo Agostinho, em que uma frase vale a leitura de todo o texto. Diz ele que "[...] a prece é o orvalho divino que aplaca o calor excessivo das paixões"[113]. Trata-se de um calmante natural, livre de contraindicações. Aquele que conversa com Deus é sereno.

Não é preciso ajoelhar-se, mas, se é algo que o fará sentir-se bem, ajoelhe-se. Não é preciso baixar a cabeça e esconder os olhos e o rosto. Sorria, se sentir vontade.

Quando falar com Deus, olhe para o horizonte, contemple a criação, sinta a força da vida numa comunhão maior.

---

113 - KARDEC. Op. Cit., p. 322.

Você apenas pode tentar. Não há razão para tristeza ou aspecto lúgubre.

Francisco de Assis orava com alegria, caminhando em contato com a natureza.

Jesus se recolheu ao Monte das Oliveiras para orar, quando soube que em breve enfrentaria momentos dolorosos.

Atitudes como essas demonstram que não há apenas uma única forma de falar com Deus e que ela depende do momento que estamos vivenciando.

O que realmente importa é o desejo de comunicar-se com Deus. A forma pela qual faremos isso dependerá da necessidade e da vontade de cada um de nós.

A forma não é nada. O que interessa é o fundo, as intenções por trás das palavras ou das atitudes.

Para este estudo, não há nenhuma questão, nenhum exercício válido, senão o próprio ato de conversar com Deus.

Também não temos que repensar tópicos principais, pois ele, em sua totalidade, é essencial.

Deixamos nosso convite para que você desenvolva essa relação de amor com o Pai, com liberdade e naturalidade.

PARA PENSAR

A oração proporciona uma paz, uma força e um consolo que nada mais pode proporcionar. Mas deve ser feita com o coração.

> Se não, é como o bater de um tambor, ou como o efeito meramente vocal dos sons que saem da garganta.
>
> Quando é ofertada com o coração, tem o poder de dissolver montanhas de aflições.
>
> Bem-vindos àqueles que quiserem experimentar seu poder.
>
> (Mahatma Gandhi)

Se você não tem esse hábito, experimente-o! Se já o possui, espero que esteja reforçado e que, ao fechar este livro, você agradeça, do seu modo, a Deus pelas horas que estivemos juntos.

Eu agradeci a Ele e agradeço a você.
Valeu por estudarmos juntos! Até a próxima!

Referências bibliográficas

AGUAROD, Angel. *Grandes e pequenos problemas*. 5ª ed. Rio de Janeiro : FEB.

ANDRÉ, Christophe. *Imperfeitos, livres e felizes: Práticas de autoestima*. 1ª ed. Rio de Janeiro : Best Seller, 2009.

___________. *Viver feliz: A construção da felicidade*. São Paulo : Martins Fontes, 2006.

COMTE-SPONVILLE, André. *Pequeno Tratado das Grandes Virtudes*. São Paulo : Martins Fontes.

DENIS, Léon. *O Grande Enigma: Deus e o Universo*. Trad. Maria Lucia Alcantara de Carvalho. Rio de Janeiro : CELD, 2011.

___________. *O problema do Ser, do Destino e da Dor*. 14ª ed. Brasília : FEB.

___________. *Depois da Morte*. Brasília : FEB.

FROMM, Erich. *A arte de amar*. São Paulo : Martins Fontes.

GAARDER, Jostein. *O Mundo de Sofia*. Trad. João Azenha Jr. 20ª reimpressão. São Paulo : Cia. das Letras.

GANDHI, Mahatma. *A Roca e o Calmo Pensar*. Ed. Palas Athena

KARDEC, Allan. *O Livro dos Espíritos*. Trad. José Herculano Pires. 63ª ed. São Paulo : LAKE, 2002.

___________. *O Evangelho Segundo o Espiritismo*. Trad. Guillon Ribeiro. 131 ª ed. Brasília : FEB, 2013.

MARCO AURÉLIO. *O guia do imperador*. São Paulo : Planeta.

MIRA Y LÓPEZ, Emilio. *Quatro Gigantes da Alma*. 19ª ed. José Olympio Editora.

PLATÃO. *Fédon ou a alma*. Coleção Os Pensadores. Nova Cultural.

VARGAS, Ana Cristina. [Ditado pelo espírito José Antônio]. *Escravo da Ilusão*. Boa Nova, 2002.

___________. *Na ponta dos pés*. Boa Nova.

___________. *O bispo: Amor e sexualidade face a face*. 2ª ed. São Paulo : Editora Vida & Consciência, 2014.

SOLOMON, Robert C. *Espiritualidade para Céticos*. Trad. Maria Luiza X. de A. Borges. Civilização Brasileira, 2003.

REVISTA ESPÍRITA. Bordeaux, jul. 1862.

Bíblia on-line. Disponível em: https://www.bibliaonline.com.br/

"Discurso do Santo Padre João Paulo II aos prelados auditores, oficiais e advogados do Tribunal da Rota Romana na inauguração do Ano Judiciário". Disponível em: http://w2.vatican.va/content/john-paul-ii/pt/speeches/2002/january/documents/hf_jp-ii_spe_20020128_roman-rota.html. Acesso em: 25 ago. 2015.

VOLTAIRE. *Zadig ou o Destino: Uma História Oriental*. Disponível em: http://www.ebooksbrasil.org/adobeebook/zadig.pdf. Acesso em: 23 ago. 2015.

___________. *Micrômegas*. Disponível em: http://www.ebooksbrasil.org/eLibris/micromegasN.html. Acesso em: 23 ago. 2015.

"Orgulho". Disponível em: http://www.significados.com.br/orgulho/. Acesso em: 3 ago. 2015.

Romances

Zibia Gasparetto

pelo espírito Lucius

A verdade de cada um *(nova edição)*
A vida sabe o que faz
Ela confiou na vida
Entre o amor e a guerra
Esmeralda *(nova edição)*
Espinhos do tempo
Laços eternos
Nada é por acaso
Ninguém é de ninguém
O advogado de Deus
O amanhã a Deus pertence
O amor venceu
O encontro inesperado
O fio do destino *(nova edição)*
O matuto
O morro das ilusões
O poder da escolha
Onde está Teresa?
Pelas portas do coração *(nova edição)*
Quando a vida escolhe *(nova edição)*
Quando chega a hora
Quando é preciso voltar *(nova edição)*
Se abrindo pra vida
Sem medo de viver
Só o amor consegue
Somos todos inocentes
Tudo tem seu preço
Tudo valeu a pena
Um amor de verdade
Vencendo o passado

Ana Cristina Vargas

pelos espíritos Layla e José Antônio

A morte é uma farsa
Em busca de uma nova vida
Em tempos de liberdade
Encontrando a paz
Intensa como o mar
O bispo *(nova edição)*
Sinfonia da alma
O quarto crescente *(nova edição)*

Mônica de Castro

pelo espírito Leonel

A atriz *(edição revista e atualizada)*
Apesar de tudo...
Até que a vida os separe
Com o amor não se brinca
De frente com a verdade
Desejo – Até onde ele pode te levar? *(pelos espíritos Daniela e Leonel)*
De todo o meu ser
Gêmeas
Giselle – A amante do inquisidor *(nova edição)*
Greta *(nova edição)*
Impulsos do coração
Jurema das matas
Lembranças que o vento traz
O preço de ser diferente
Segredos da alma
Sentindo na própria pele
Só por amor
Uma história de ontem *(nova edição)*
Virando o jogo

Marcelo Cezar

pelo espírito Marco Aurélio

Acorde pra vida! *(crônicas)*
A última chance
A vida sempre vence
Coragem para viver
Ela só queria casar...
Medo de amar
Nada é como parece
Nunca estamos sós
O amor é para os fortes
O preço da paz
O próximo passo
O que importa é o amor
Para sempre comigo
Só Deus sabe
Treze almas
Um sopro de ternura
Você faz o amanhã (nova edição)

Eduardo França

A escolha
A força do perdão
Enfim, a felicidade
Vestindo a verdade

Floriano Serra

A outra face
A grande mudança
Nunca é tarde
O mistério do reencontro

Lucimara Gallicia

pelo espírito Moacyr

O que faço de mim?
Sem medo do amanhã

Sérgio Chimatti

pelo espírito Anele

Apesar de parecer... Ele não está só
Ecos do passado
Lado a lado
Os protegidos

Flavio Lopes

pelo espírito Emanuel

A vida em duas cores
Uma outra história de amor